Martin Schloemann
Wachstumstod und Eschatologie

MARTIN SCHLOEMANN

Wachstumstod und Eschatologie

Die Herausforderung christlicher Theologie
durch die Umweltkrise

CALWER VERLAG STUTTGART

Diese Schrift ist eine erweiterte und bearbeitete Fassung
der öffentlichen Antrittsvorlesung als Abschluß der Habilitation
an der Abteilung für Evangelische Theologie
der Ruhr-Universität Bochum

JSBN 3-7668-0429-4

© 1973 Calwer Verlag Stuttgart
Alle Rechte vorbehalten. Abdruck, auch auszugsweise,
nur mit Genehmigung des Verlags
Fotokopieren nicht gestattet

Umschlag: Gerh. Kurt Hofmann
Satz und Druck: Ernst Leyh, Stuttgart

INHALT

Einleitung   7

I. Die Bedrohung der Menschenwelt durch den Wachstumstod als Herausforderung christlicher Eschatologie   9
   1. Die Realität der Herausforderung: Unterschied und Zuordnung von Futurum und Adventus   9
   2. Das Zwischenergebnis der Zukunftsdebatte: Die drohende Selbstvernichtung des Menschen durch seine Expansivität   11
      a) Die unlösbare Verkettung unheilvoller Tendenzen   12
      b) Die Unzulänglichkeit rein ökonomischer und technologischer Ausflüchte   13
      c) Die Zeitnot als Restriktion politischer Hoffnungen   15
   3. Die unwiderrufliche Alternative in allen Prognosen: Umkehr oder Untergang   18
   4. Der Faktor Mensch und der eschatologische Vorbehalt Gottes   19
   5. Ein unaufschiebbares dogmatisches Problem: Die Verstrickung des Christentums in die Umweltkrise (J. B. Cobb und C. Amery)   21

II. Die Eschatologie angesichts der ökologischen Alternative   25
   1. Die fatalistische Aushöhlung des Fortschrittsglaubens als unerwartete theologische Frage   25
   2. Die Antworten gegenwärtiger Eschatologien   27
      a) Die traditionelle Apokalyptik   27
      b) Die überzeitliche Eschatologie   29
      c) Das christlich-ethische Zukunftsdenken   30

    d) Die individuelle Eschatologie   33
    e) Die modifizierte Theologie der Hoffnung
       (J. Moltmann: Der gekreuzigte Gott)   34
  3. Das verdrängte theologische Problem:
    Der mögliche Untergang dieses Menschen
    und seiner Welt   38

III. Bemerkungen zur möglichen Neufassung einer
    theologischen Lehre vom Weltende   43
  1. Gottes eschatologischer Vorbehalt als
    uneingeschränkter   43
  2. Die mögliche Reformulierung des Lehrstücks
    »De consummatione mundi«   44
  3. Die Nichtverrechenbarkeit aller Aussagen
    »natürlicher Eschatologie« mit der christlichen
    Zukunftserwartung   46
  4. Freiraum und Grenze einer eschatologischen
    Ethik planetarischer Verantwortung   49

Schluß: Die ökologische Umbesinnung und die
    christliche Metanoia   51

EINLEITUNG

Die Formulierung des Themas erfordert eine doppelte Vorbemerkung. Erstens muß eine vorläufige Erklärung des Ausdrucks »Wachstumstod« gegeben werden. Er bezeichnet das heute von vielen befürchtete und von nicht wenigen schon für absehbar gehaltene Ende des Menschen und seiner Welt infolge des ungehemmten Wachstums seiner Zahl und seiner Aktivitäten. Es geht also um das ökologische Problem als ein theologisches. Ökologie ist dabei umfassend verstanden als die Wissenschaft von den Beziehungen der Lebewesen, besonders der Menschen, zu ihrer Umwelt. Zweitens ist darauf hinzuweisen, daß das Thema nicht lautet: Die Antwort der christlichen Theologie auf die Herausforderung der Umweltfuturologie. Solches läßt die Debattenlage einfach noch nicht zu, weil die allgemein-wissenschaftliche Diskussion noch zu offen und – wegen der seit zwei, drei Jahren erst wirklich aufgekommenen und nun von Monat zu Monat anschwellenden Flut von Publikationen, auch weniger seriösen – noch keineswegs überschaubar ist. Auch hat sich die akademische Theologie in Deutschland noch kaum auf diese Debatte eingelassen. So kann von diesem Beitrag noch nicht eine mit fertigen Antworten aufwartende Stellungnahme erwartet werden. Wir versuchen vielmehr, genötigt durch die Dringlichkeit der Sache, auf die sich hier auftuenden theologischen Probleme, speziell der Eschatologie, aufmerksam zu machen und einige mögliche Antworten einer ersten Prüfung zu unterziehen, soweit dies überhaupt geht, ohne auch etwa die anthropologische, die schöpfungstheologische oder die ekklesiologische Frage dabei zu thematisieren.

Wir wollen also zunächst in zwei Fragerichtungen vorgehen. Einmal – gleichsam mit Blick auf die allgemeine Debatte –

wird gefragt: Worin besteht jene Herausforderung? Und zum anderen – mit Blick auf das eschatologische Denken der Theologie, hier besonders der evangelischen –: Wie ist sie auf diese Herausforderung gerüstet? Abschließend sollen noch einige Bemerkungen folgen, die zur theologischen Weiterarbeit anregen könnten.

I. DIE BEDROHUNG DER MENSCHENWELT DURCH DEN WACHSTUMSTOD ALS HERAUSFORDERUNG CHRISTLICHER ESCHATOLOGIE

1. Die Realität der Herausforderung: Unterschied und Zuordnung von Futurum und Adventus

Die Frage nach Eigenart und Reichweite der Herausforderung impliziert in dieser Überlegung zunächst die Annahme ihrer Realität. Doch gibt es überhaupt eine solche Herausforderung? Darf man die beiden Hauptbegriffe unseres Themas, »Wachstumstod« und »Eschatologie«, überhaupt miteinander verhandeln? Sprechen sie möglicherweise von Dingen, die nichts miteinander zu tun haben, die nicht auf derselben Ebene liegen? Und überdies: sind sie nicht jeder für sich mit so vielen Ungeklärtheiten belastet, daß zumal die theologische Sprachverwirrung[1] um den Begriff »Eschatologie« durch seine vorschnelle Inbeziehungsetzung zu jenem ja auch nicht einmal allgemein akzeptierten Schlüsselwort heutiger futurologischer Prognostik nur noch weiter zunehmen müßte? Darf man eine so weiter mögliche begriffliche Verunklarung zulassen, zumal der Verdacht des Eindringens kulturpessimistischer Panikmache in die besonnene theologische Erörterung nicht von vornherein von der Hand zu weisen ist?

Hierauf ist zweierlei zu erwidern. Uns scheint erstens das ruhige Abwarten einer vielleicht allmählich möglichen Klärung oder nur notwendigen Abgrenzung des Eschatologiebegriffs in der theologischen Debatte aus den Zeitgründen, die

---

[1] G. *Wanke*: »Eschatologie«. Ein Beispiel theologischer Sprachverwirrung. KuD 16, 1970, S. 300–312, vgl. *W.-D. Marsch*: Zukunft. Stuttgart 1969, S. 77 ff., zur Begriffsgeschichte *Th. Mahlmann*: Art. Eschatologie. In: Historisches Wörterbuch der Philosophie, Bd. 2, 1972, Sp. 740–743.

in der zu verhandelnden Sache liegen, nicht vertretbar zu sein. Zweitens aber ist auch offenkundig, daß die zur Diskussion stehende Bedrohung alles irdischen Lebens mit wesentlichen Aussagen christlicher Eschatologie sehr wohl direkt oder indirekt etwas zu tun hat, sofern nämlich Eschatologie – wie wir es verstehen, aber nun nicht näher ausführen können – sich nicht darin erschöpft, nur eine bestimmte Glaubens- und Hoffnungshaltung zu beschreiben, sondern zugleich auch Endzeiterwartungen interpretiert und kritisch erwägt, also in diesem doppelten, übergeschichtlichen und endgeschichtlichen Sinne »Lehre von den letzten Dingen« ist. Zwar ist die Erkenntnis der neueren Theologie wesentlich, daß die christliche Eschatologie nicht wie ein Spezialfall allgemeiner Apokalyptik bei der Erforschung der allgemeinen Zukunftsmöglichkeiten der Geschichte ansetzt[2], daß also ein erheblicher Unterschied zu machen ist zwischen dem Futurum und dem Adventus, zwischen der mythischen oder wissenschaftlichen Extrapolation des Vergangenen in die Zukunft hinein auf der einen Seite und auf der anderen der in der christlichen Glaubens- und Lebenspraxis sich vollziehenden Antizipation des Neuen, des Überraschenden von Gott her[3], ja eigentlich dem Entgegensehen des »Kommen(s) Gottes aus der ›Zukunft‹ heraus«[4]. Aber damit sollte nun doch nicht unterstellt werden, diese beiden Arten des Auf-Zukunft-Ausseins hätten gar nichts miteinander zu tun. Es handelt sich vielmehr, wie Wilhelm Dantine es für das Verhältnis von Realutopie und Eschatologie gezeigt hat[5], um ein Zugleich von »spannungsvollem Unterschied« und doch »prinzipieller Zuordnung«, wobei letztere begründet ist

---

[2] *J. Moltmann:* Theologie der Hoffnung. München 1964, S. 174 f.
[3] *J. Moltmann:* Diskussion über die »Theologie der Hoffnung«. München 1967, S. 212.
[4] *C. H. Ratschow:* Atheismus im Christentum? Eine Auseinandersetzung mit Ernst Bloch. Gütersloh 1970, S. 109.
[5] *W. Dantine:* Realutopie als Grundlage christlichen politischen Handelns. WPKG 59, 1970, S. 515–524.

in der Einheit des menschlichen Lebens als denkenden und
glaubenden ebenso wie in der geglaubten Einheit des schaffenden und des kommenden Gottes.

2. Das Zwischenergebnis der Zukunftsdebatte: Die drohende Selbstvernichtung des Menschen durch seine Expansivität

Was hat es nun des näheren mit dem Ausdruck »Wachstumstod« auf sich? Er beschreibt wohl am besten zusammenfassend die vor allem durch die junge ökologische Forschung aufgedeckte totale Bedrohung des Menschen und seiner Welt durch ungewollte oder fahrlässig in Kauf genommene Selbstvernichtung im Verfolg einer ungezügelten Expansion menschlicher Lebensaktivitäten auf Kosten der begrenzten Ressourcen unseres Planeten an Platz, Luft, Wasser, Nahrung, Rohstoffen usw. Es ist eine Bedrohung, die nicht mehr abgewendet werden kann, wenn nicht das Denken und Handeln, das Prioritieren und Sich-Organisieren aller Menschen in Ost, West, Nord und Süd sich bald, und zwar sehr bald, grundlegend ändern. Gefordert ist eine Bereitschaft zur Konzentration aller menschlichen Fähigkeiten und Mittel auf die Überwindung dieser Gefahr, was nicht ohne einschneidenden Verzicht, Selbstbeschränkung und Aggressionsabbau abgehen dürfte. Dies ist – so allgemein gefaßt – das klare Zwischenergebnis der noch im Fluß befindlichen Debatte[6], dem alle ernst zu nehmenden Beteiligten nicht

---

[6] Aus der Fülle der Veröffentlichungen nur einige wichtige Titel: *P. R. Ehrlich* und *A. H. Ehrlich:* Bevölkerungswachstum und Umweltkrise. Die Ökologie des Menschen. Frankfurt/M. 1972; *J. W. Forrester:* Der teuflische Regelkreis. Das Globalmodell der Menschheitskrise (hg. u. bearb. v. E. Pestel). Stuttgart 1972; *Dennis Meadows, Donella Meadows, E. Zahn, P. Milling:* Die Grenzen des Wachstums. Bericht des Club of Rome zur Lage der Menschheit. Stuttgart 1972; Umwelt-Report. Hg. v. *H. Schultze:* Frankfurt/M. 1972; *B. Commoner:* Wachstumswahn und Umweltkrise, mit einer Einführung von K. Mehnert. München/Gütersloh 1973.

ausweichen konnten. Weiter in die oft bedrückenden Einzelheiten der mancherlei Prognosen zu gehen, müssen wir uns hier versagen, zumal sie endlich auch in der deutschen Öffentlichkeit immer bekannter werden. Aber die Unausweichlichkeit und Endgültigkeit der Alternative ist noch mit einigen Bemerkungen festzuhalten.

a) Die unlösbare Verkettung unheilvoller Tendenzen

Die immer noch vorkommende partielle Behandlung der ökologischen Problematik ist überholt. Etwa der in sich schon komplexe Bereich Bevölkerungsexplosion und Nahrungsnot läßt sich ebensowenig isoliert betrachten wie die Frage nach der Verantwortbarkeit weiterer industrieller und auch modern-agronomischer Entwicklung überhaupt und die mit beidem zusammenhängenden Rohstoff-, Energie- und Immissionsprobleme je für sich. Angesichts der erst vor kurzem voll erkannten lebensgefährlichen Interdependenz aller dieser und anderer, vor allem sozioökonomischer Komplexe hat die bei uns immer noch übliche Rede von »Umweltschutz« im Sinne von Vorsorge vor allem gegen »Umweltverschmutzung« als einem begrenzten und mit einiger Anstrengung bald zu bewältigenden Problem noch etwas allzu Verharmlosendes und Beschwichtigendes an sich[7]. Die synoptische Trendanalyse jedenfalls – so unvollkommen sie auch noch sein mag –, hat schon jetzt gezeigt, daß es das seit jeher als Erfolg und Glück angesehene Wachstum der Aktivitäten und Güter der Menschheit als solches ist, das unweigerlich an eine lebensgefährliche Grenze stößt. Die Ergebnisse verschiedener großer Forschungsprojekte haben – bei allen Unsicherheiten, die noch bestehen – dies eine deutlich gemacht: so, wie bislang, kann es nicht noch einige Generationen weitergehen. Es wird immer klarer, daß

---

[7] Das Verführerische der deutschen Ausdrücke brandmarkt mit Recht C. Amery: Das Ende der Vorsehung. Die gnadenlosen Folgen des Christentums. Reinbeck 1972, S. 150. 154.

im gegenwärtigen Stadium der Akzeleration der blinde Fortschrittsglaube so verheerende Wirkungen hat, also daß die westliche wie die östliche und nicht zuletzt auch die im Süden immer unaufhaltsamer vordringende Wachstums- und Ausbeutungsideologie, wenn sie nicht in eine gänzlich neue Haltung transformiert wird, so sehr einem tödlichen Krebsschaden vergleichbar ist, daß es inzwischen nicht mehr erlaubt ist, wie man es noch vor fünf Jahren konnte[8], die Abwägung allein zwischen technisch »möglicher« und im Blick auf Humanisierung des Lebens »wünschbarer« Zukunft die vordringlichste Sorge sein zu lassen. Heute geht es vielmehr – und unerkannt schon seit längerem – um die rapide Erosion einer jeden menschlichen Zukunft überhaupt.

b) Die Unzulänglichkeit rein ökonomischer und technologischer Ausflüchte

Die zum Teil berechtigte Kritik an den jüngsten Resultaten der nun auch ökologisch gerichteten Futurologie, deren Berechtigung und Bedeutung als Wissenschaft freilich kaum noch bestritten wird[9], hat zwar den noch vorhandenen und wohl auch – wie selbst zugegeben – nie ganz zu überwindenden Mangel an Perfektion der prognostischen Methoden herausgestellt. So hat man hingewiesen etwa auf die Problematik der bei der Studie des Clubs von Rom wohl zu weit getriebenen Mathematisierung auf rein exponentielle Abläufe hin oder besonders auch auf die der Nichtquantifizierbarkeit soziokultureller Einstellungen. Die Kritik hat aber nicht die grundsätzliche Gültigkeit der anstehenden Alternative entkräften kön-

---

[8] Bergedorfer Gespräche zu Fragen der freien industriellen Gesellschaft Nr. 31, 1968.
[9] Ein wesentliches Verdienst daran hat *Ossip K. Flechtheim*, s. das Anfangskapitel in seiner: Futurologie. Der Kampf um die Zukunft. Köln 1972, in der von uns benutzten überarbeiteten Taschenbuchausgabe (Fischer Nr. 6159, Frankfurt/Main 1972) S. 10–36: Vom Fug und Unfug der Futurologie.

nen. Die bis jetzt bekannten Einwände haben sie vielmehr nur wahrscheinlicher gemacht. Entweder ist ihnen eine erschreckende technologische Systemblindheit an der Stirn geschrieben, die es als hinreichend ansieht, auf die Möglichkeit neuer technischer Lösungen hinzuweisen. Oder aber man bleibt weiterhin der verheerenden Vorordnung der ökonomischen vor den ökologischen Gesichtspunkten verhaftet – de facto, wenn auch oft nicht den Worten nach. Dies zeigte etwa der enttäuschende Verlauf der Stockholmer Umweltkonferenz der UNO, bei der nicht nur der innerdeutsche Streit die Ostseefrage weiter hinausschob sondern vor allem die Vertreter der Entwicklungsländer – verständlicherweise – grundsätzlich andere Prioritäten erkennen ließen als diejenigen, denen die Folgen des wirtschaftlichen Wachstums bedrohlich erscheinen. Bezeichnend war auch – z. B. in der Wochenzeitung Die Zeit – das Versickern der dazugehörigen Debatte des Sommers 1972 in den Spalten allzu optimistischer Wirtschaftsredakteure, die an die ökonomische Selbstregulierung auch dieses Problems glauben. Beide Arten von Einwänden gehen davon aus, daß dem Menschen mit seinem Eigeninteresse und seiner Erfindungsgabe zur rechten Zeit schon das Nötige einfallen werde. Diese Möglichkeit ist in der Tat nicht völlig auszuschließen und noch aller Mühe wert. Mit neuen Technologien dürfte wohl jedes der anstehenden Probleme durchaus lösbar sein. Mit Recht warnt Georg Picht hier vor romantisierender Technikfeindschaft.[10] »Vermutlich«, so sagt er sogar, »ist die Technik unsere letzte Hoffnung«.[11] Aber ihre Anwendung, so sagt er auch, ist kein technisches, sondern ein politisches Problem.[12]

---

[10] Sie ist als Stimmung und unmutige Distanzierung von den technologischen Denkmethoden selbst dort zu finden, wo man deren Resultate betroffen übernimmt, so etwa in der Besprechung von *A. Kruse-Rodenacker* zum Bericht des Clubs von Rom in EvKomm 5, 1972, S. 564 f.
[11] *G. Picht:* Zivilisationsplunder über Bord. Die Zeit Nr. 23, 9. 6. 1972, S. 52.
[12] *G. Picht:* Um die wahren Ursachen drückt man sich herum. Die Zeit Nr. 22, 2. 6. 1972, S. 58.

c) Die Zeitnot als Restriktion politischer Hoffnungen

Es geht hier also um eine globale politisch-moralische Anstrengung von höchster Dringlichkeit, gegen die die bisher dominierende Not, einen atomaren Vernichtungskrieg zu vermeiden, ein Kinderspiel gewesen sein dürfte, zumal auch diese Gefahr noch bestehen bleibt und sich womöglich wieder verschärft. Hier geht es auch nicht nur um das sogenannte große Geld, es geht auch um das des kleinen Mannes, nicht nur um schwerwiegende Änderungen von Institutionen, hier geht es vor allem anderen um einen Wettlauf mit der Zeit, dessen Tempo nur schwer jedermann rechtzeitig bewußt zu machen sein dürfte. Die Bereitschaft, hier zu verdrängen oder in eine partielle Sicht der Dinge auszuweichen, ist groß. Denn die erforderliche Umstellung – das ist die eigentliche Schwierigkeit – läuft den kurz- und mittelfristigen Bedürfnissen und Interessen der Menschen in aller Welt strikt entgegen. In seinem bedenkenswerten Buch »Das Ende der Vorsehung« fixiert Carl Amery dies mit Recht als »das zentrale Problem: die Interessen der Ungeborenen stehen in krassem Gegensatz zu denen der present generation. Sie, die Ungeborenen, sind unsere Unterdrückten«.[13] Auf Weltebene ist also etwas jetzt Grundstürzendes zu unternehmen gegen eine Not, die noch auf lange Zeit wenig drückt, ja deren volles Ausmaß vermutlich vorläufig unter wachsendem Wohlergehen eher weiter

---

[13] *C. Amery*: Das Ende der Vorsehung (s. Anm. 7), S. 210. Gemeint ist hier nicht nur die westliche Erwerbsgesellschaft, die Sätze gehören vielmehr zu dem Kapitel »Anfrage an die Sozialisten« (S. 207 ff.)! Als Illustration dazu sei aus dem Leitartikel vom 5. April 1973 in »Neues Deutschland«, Organ des ZK der SED (28. Jg./Nr. 95) zitiert: »Quelle sozialistischer Erfolge ist die Masseninitiative der Werktätigen, die als Herren und Beherrscher der Produktionsmittel ihr Eigentum mit Schöpferkraft mehren und bewußt vergrößern. Dieser von den Kommunisten inspirierten Masseninitiative liegt der Hauptgedanke zugrunde, daß eine erfolgreiche Lösung der sozialen Aufgaben wie die Mehrung der geistigen und kulturellen Güter nur bei Sicherung des ständigen ökonomischen Wachstums möglich ist.«

zugedeckt wird. Auch darin sind sich alle ernst zu nehmenden Prognosen, mögen sie noch so unterschiedlich ausfallen, jetzt einig: der gefährliche »point of no return« – in der Raumfahrt die letzte Gelegenheit zu einer Kurskorrektur, die nicht versäumt werden darf – ist zwar wahrscheinlich noch nicht überschritten, er liegt aber erheblich früher als der andere Zeitpunkt, an dem die nach dem Versäumnis unvermeidbar gewordene Katastrophe für jedermann erkennbar und sinnlich spürbar sich ankündigt.[14] Jener Punkt liegt höchstwahrscheinlich noch innerhalb dieser Generation. Ja, nach gewichtigen Stimmen spricht mehr dafür als dagegen, daß die grundlegenden, harten Entscheidungen schon innerhalb der allernächsten Jahre fallen müssen, oder sie kommen einfach zu spät. Jedes technologische Krisenprogramm, jedes umweltpolitische Vorhaben wird sich darum die kritische Frage nach schneller Realisierbarkeit und jede politische Theorie wird sich die Frage nach ihren Auswirkungen im nächsten Jahrzehnt gefallen lassen müssen. Selbst wenn man den wohl auch aufrüttelnden Effekt der jetzt vorgelegten Prognosen zur Umweltfrage und zur Überlebensfrage nicht unterschätzen möchte, wird man angesichts der bisherigen Reaktionen der ökonomischen, politischen und ideologischen Hauptkräfte in aller Welt – bei uns sind das nicht zuletzt auch die auf Bewahrung und Zuwachs gerichteten Wähler aller Parteien – wieder äußerst mißtrauisch.[15]

---

[14] Die vor einigen Jahren noch sinnvolle, aus historischer Erfahrung gespeiste Annahme, daß eines Tages angesichts des Andringens spürbarer Not ein allgemeines Krisenbewußtsein entstehen und zwangsläufig den Menschen zu vernünftigen Lösungen mit neuen Techniken bringen würde (so G. *Picht:* Mut zur Utopie, München 1969, S. 83 ff.), überzeugt heute im Blick auf Interessenlagen und Zeitfaktor nicht mehr. *W.-D. Marsch* war derjenige Theologe, der das hier liegende Problem schon recht klar erkannte (Zukunft, s. Anm. 1, S. 20 f. 134 f.).

[15] Die jüngste, kurzfristige Prognose von *Hermann Kahn* geht davon aus, daß bis ca. 1985 mit einschneidenden Änderungen des ökologischen Verhaltens der Menschen nicht zu rechnen ist (Angriff auf die Zukunft. Wien/München 1972, S. 319. 326 ff. 379 ff.). Freilich werden die Folgen dieses Beharrungsvermögens nicht eigentlich bedacht.

Man erinnere sich z. B. an die Massendemonstrationen italienischer Arbeiter gegen ein Gesetz zur Rettung Venedigs oder auch an den schmählichen Ausgang einer in ihren Zielen sehr bescheidenen Volksabstimmung in Kalifornien im Sommer 1972, die von mächtigen Interessenten übermäßig beeinflußt wurde.[16] Auch künftig ist nicht nur mit Manipulation durch Werbung oder sozialistische Produktionspropaganda zu rechnen, sondern auch mit einem starken Bedürfnis der Manipulierten, sich beruhigen und zur Fortsetzung des bisherigen Weges ermuntern zu lassen. Man möchte sich Amery anschließen, der feststellt: »Zum erstenmal..., seit sich der Anthropoide von den Hinterbeinen aufrichtete, hat er sich selbst Gefahren verschafft, die alle seine Alarmsysteme überfordern.«[17] Selbst die uns vorliegenden progressivsten und unkonventionellsten politischen Planungsvorhaben und Innovationsanstöße, wenn sie wirklich Erfolg haben sollen, dürften die gerade auch dem Marxschen Denken mit seinem Verständnis der Natur als vergegenständlichter menschlicher Arbeit[18] eingestiftete Ideologie des Wachstums nicht mehr insgeheim voraussetzen und müßten den akuten Zugzwang aus Zeitnot ganz anders als bisher in Rechnung stellen.[19] Dies gilt sicherlich auch für die »Umgehungsstrategie« über eine bewußte Jugend und genossenschaftliche Kleingruppen, wie etwa Ossip K. Flechtheim sie am Ende seines nun vorliegenden futurologischen Hauptwerks vorträgt[20], dem übrigens – bei allem Wertvollen, was es enthält – noch deutlich anzusehen ist, wie die neue ökologische Problematik erst nachträglich und nicht ohne Brüche in die vorher fertige Konzeption eingearbeitet worden ist.

---

[16] *G. Hermann:* Da drohten sie mit Hungersnot und Seuchen. Die Zeit Nr. 38, 22. 9. 1972, S. 70.
[17] *C. Amery* (s. Anm. 7), S. 182.
[18] Dazu s. *C. H. Ratschow:* Atheismus (s. Anm. 4), S. 42–44.
[19] *W.-D. Marsch* rechnete mit einem langen und zähen Prozeß der Bewußtseinsbildung (Zukunft, s. Anm. 1, S. 135).
[20] *O. K. Flechtheim:* Futurologie (s. Anm. 9), S. 251 ff. 270.

3. Die unwiderrufliche Alternative in allen Prognosen: Umkehr oder Untergang

Fassen wir dies zusammen. Wie die z. Z. umfassendsten Analysen der Zukunftsforschung zeigen und wie es die nur technologische und ökonomische Kritik an denselben bis jetzt eher ungewollt bestätigt als widerlegt, steht die Menschheit vor einer zwingenden und drängenden »Not des Überlebens«.[21] Um nicht mißverstanden zu werden: uns geht es nicht um die Stichhaltigkeit der Einzeldaten und Terminierungen dieser oder jener Prognose, zur Debatte steht hier vielmehr die bei allen zurechnungsfähigen Beteiligten unausweichlich auftauchende und auch nicht mehr umstrittene grundsätzliche Alternative, auf deren einer Seite der – wenn nichts geschieht – durch Expansion selbstbereitete Untergang des Menschen als species mit seiner Lebenswelt steht, auf deren anderer Seite aber ein höchst unsicherer menschlicher Faktor als Voraussetzung einer möglichen Kursänderung ins Spiel kommt, über den freilich noch unterschiedliche Aussagen gemacht werden.[22]

---

[21] So *W.-D. Marsch:* Zukunft (s. Anm. 1), S. 131.
[22] Erwägungen über die faktischen Möglichkeiten des Menschen zur Umorientierung sind auch in den meisten vorwiegend diagnostischen Studien (s. Anm. 6) enthalten, andere Arbeiten bringen mehr hierüber, z. B.: Das beschädigte Leben. Diagnose und Therapie in einer Welt unabsehbarer Veränderungen. Ein Symposium, geleitet und herausgegeben von *A. Mitscherlich.* München 1969; *E. Goldsmith* und *R. Allen:* Planspiel zum Überleben. Stuttgart 1972; Alternativen zur Umweltmisere – Raubbau oder Partnerschaft? München 1972; Humanökologie und Umweltschutz. Studien zur Friedensforschung Bd. 8, hg. v. *E. v. Weizsäcker.* Stuttgart 1972; Interviews, hg. v. *A. Reif.* Hamburg 1973. Beachtenswert sind in diesem Zusammenhang die Überlegungen des Soziologen *P. Atteslander* (Die letzten Tage der Gegenwart oder Das Alibi-Syndrom. Bern/München 1971), der aufzeigt, wie schon die anhebende theoretische Zukunftsbewältigung durch eine zunehmend verdrängende Einstellung zur Gegenwart verhindert wird. Interessant ist auch die schwedische Debatte, die sich zunächst an der zwischen den Naturwissenschaftlern *G. Ehrensvärd* (Före – efter. Stockholm 1971) und *T. E. Gerholm* (Futurum exaktum. Stockholm 1972) strittigen Energiefrage erhitzte, inzwischen sich aber bei der weltweiten Problematik der ökonomischen und sozialen Bedingungen des Menschen festfuhr.

Die Bereitschaft und die Fähigkeit der Menschheit als ganzer, innerhalb sehr kurzer Zeit ihre bislang liebsten Ziel- und Wertvorstellungen grundlegend, nämlich gegen jahrtausendealte Verhaltensmuster, zu ändern und zugleich auch ihre politischen und ökonomischen Institutionen darauf einzustellen – ein ungeheures Erfordernis –, werden von einigen Beurteilern immer noch optimistisch, von manchen sehr pessimistisch eingeschätzt, von vielen allein mit vagen Hoffnungen verknüpft und von nicht wenigen – unter Hinzufügung von Appellen – nur dahingestellt. Der Ausgang ist also wohl noch offen. Wir können weder das eine noch das andere mit Bestimmtheit voraussagen. Freilich ist dies nun klar geworden: es hängt offenkundig Weiterleben oder Ende des Menschen nicht mehr an der ihn umgebenden und wie von selbst Lebensmöglichkeiten schenkenden Natur, sondern unwiderruflich an seinem eigenen Erkennen und Verhalten wie an einem seidenen Faden, an Lernprozessen, deren Rechtzeitigkeit in Zweifel steht.

4. Der Faktor Mensch und der eschatologische Vorbehalt Gottes

Die Herausforderung an die christliche Eschatologie wird hier zuerst erkennbar, nämlich an diesem Vorbehalt sämtlicher Prognosen, an der Ungewißheit, die dem Faktor Mensch in jener Alternative anhaftet. Es geht darum, was er, der Mensch, noch vermag und wohin es mit ihm schließlich hinausläuft, was er tun, woran er sich halten, worauf er hoffen kann. Die Theologie geht von dem hierdurch angefochtenen Glauben der Christen aus. Für diesen Glauben aber ergeben sich die Antworten auf jene Fragen nicht aus einer bestimmten Einschätzung des Menschen und seiner Fähigkeiten, auch nicht aus einer durch Gnosis oder Offenbarung aufdeckbaren Teleologie der Geschichte, sie entstehen vielmehr aus der hoffenden Erwartung des kommenden Herrn, der in seinem Wort spricht, der sich aber sein Tun und seinen Tag – und damit auch die Möglichkeiten und Aussichten des Menschen – vorbehält. Die Theologie nun kann ebensowenig, wie sie den Schöpfer aus der Schöpfung exakt zu beweisen vermag, diesen »eschatologischen Vorbehalt«[23] aus den menschheits- und naturgeschichtlichen Abläufen mit ihren Höhepunkten oder Krisen herleiten oder gar berechnen. In bezug auf Gott gibt es keine »überraschungsfreien« Prognosen, wie sie die Futurologie anstreben muß.[24] Aber der in die Ambivalenz des Geschehens hineinverwickelte glaubende Christ kann sehr wohl Gottes gnädiges und richtendes Wirken in der Geschichte der Welt bekennen, wie er es auch in seiner persönlichen Geschichte erfährt. Für ihn ist die Bedrohung durch den Wachstumstod nicht nur eine Aufforderung zum Handeln, sondern auch eine Erinnerung an den Vorbehalt Gottes, dessen Welthandeln durch keine theologische Theorie garantiert ist oder als sinnvoll aufgewiesen werden kann[25], vielmehr wider den Augenschein geglaubt und erlitten wird. Die Theologie wiederum, die ihren Ausgang nimmt bei diesem glaubenden, in dieser Welt tätig und leidend seinem Gott entgegensehenden Christen, wird dementsprechend in doppelter Weise zur Reflexion des möglichen Wachstumstodes herausgefordert. Einmal steht ihr möglicher Beitrag zu einer neuen Ethik zur Debatte. Zum anderen aber – und darauf kommt es uns hier besonders an – ist sie durch den in die Bedrohung des Lebens hineinverwickelten Glauben nach der Angemessenheit ihrer eschatologischen Grundanschauungen gefragt.

---

[23] Zu diesem Ausdruck vgl. *H. Gollwitzer* in: Diskussion zur »Theologie der Revolution«. 2. Aufl. München/Mainz 1970, S. 55 ff. Über unser etwas abweichendes Verständnis s. u.
[24] So *H. Kahn*: Angriff (s. Anm. 15), S. 65.
[25] *C. H. Ratschow:* Das Heilshandeln und das Welthandeln Gottes. NZSThR 1, 1959, S. 80.

5. Ein unaufschiebbares dogmatisches Problem: Die Verstrickung des Christentums in die Umweltkrise (J. B. Cobb und C. Amery)

Es ist die Hauptabsicht dieser Ausführungen, darauf aufmerksam zu machen, daß die Behandlung der vorliegenden Frage etwa unter dem Thema »Umweltschutz als Problem der Sozialethik« – so der deutsche Untertitel, nicht ohne weiteres der Inhalt des Buchs des Amerikaners John B. Cobb »Der Preis des Fortschritts« – zwar eine dringend nötige Aufgabe der Theologie ist[26], die auch Rückwirkungen auf ihre sozialethische Theorie haben dürfte, daß sie aber zu einer Verengung führen muß, wenn nicht auch die dogmatische Seite der Sache ernsthaft bedacht wird. Es gibt inzwischen auch äußeren Anlaß hierfür. Direkt dazu herausgefordert ist nämlich die Theologie durch die genannte Arbeit von Cobb und noch schärfer durch das schon erwähnte vielbeachtete Buch von Carl Amery »Das Ende der Vorsehung« mit dem allzu deutlichen Untertitel »Die gnadenlosen Folgen des Christentums«.[27] Beide Autoren beschränken sich nicht auf die ethischen Aspekte, sie gehen auch die dahinter liegenden dogmatischen Probleme an. In ähnlicher Weise machen beide ganz bestimmte Grundanschauungen des geschichtlichen Christentums zumindest mitverantwortlich »für die technologische Einstellung, die die Krise verursachte und immer noch wirksame Aktionen ver-

---

[26] *John B. Cobb* jr.: Der Preis des Fortschritts. Umweltschutz als Problem der Sozialethik. Mit einem Geleitwort von *K. Scholder*. München 1972. Erst durch das krit. Geleitwort wird das Buch zu einem wertvollen Beitrag zur Ethik der Ökologie, vgl. dazu auch den letzten Artikel von *W.-D. Marsch:* Ethik der Selbstbegrenzung. EvKomm 6, 1973, S. 18–20. In dem für die künftige Debatte äußerst wichtigen Werk von *A. M. K. Müller:* Die präparierte Zeit. Der Mensch in der Krise seiner eigenen Zielsetzungen. Geleitwort *Helmut Gollwitzer*. Einführung *Wolf Häfele*. Stuttgart 1972 sind die sozial-ethischen Erörterungen zur Überlebensfrage eingebettet in umfassende naturwissenschaftliche, geschichts- und religionsphilosophische Denkprozesse.

[27] S. Anm. 7.

hindert«.²⁸ Nach dem »Verursachungsprinzip«, einem Begriff ja aus der juristischen Umweltschutzterminologie, macht Amery sowohl die Christen besonders des Westens²⁹ als auch die Marxisten als ihre mehr oder weniger legitimen Nachvollzieher³⁰ vornehmlich haftbar. Gerade als einer der von beiden Richtungen herkommt, glaubt er nun selbstkritisch, »daß diese beiden Gruppen durch die gegenwärtige Situation speziell herausgefordert sind, weil sie in hervorragender Weise zur Schaffung unseres Dilemmas beigetragen haben«. Und er kommt zu dem Schluß: »Ohne einen grundlegenden Prozeß der Metanoia, des Umdenkens, in diesen beiden Lagern wird der Zustand der Welt nicht mehr rechtzeitig so zu ändern sein, daß eine Zukunft – nicht eine bessere Zukunft, sondern irgendeine – noch vorstellbar ist.«³¹

Die damit aufgeworfenen historischen, z. T. bibeltheologischen Fragen können uns hier nicht weiter beschäftigen. Sie sind auch großenteils schon aus der Säkularisierungsdebatte bekannt³², wie etwa die der Auswirkungen der Entdämonisierung der Natur im biblischen Denken, die des schöpfungsmäßigen Herrschaftsauftrages über die subhumane Natur, überhaupt die der gottesebenbildlichen Einzigartigkeit des Menschen, aus der nach Amery ein dummer und anmaßender »Alleinvertretungsanspruch der Menschheit im Kosmos«³³ geworden sei, und nicht zuletzt, ja als Kern³⁴ des Ganzen, die Problematik der Erwartung eines vollkommenen Endreiches,

---

[28] *J. B. Cobb*: Der Preis (s. Anm. 26), S. 52.
[29] *C. Amery* (s. Anm. 7), S. 99 ff.
[30] AaO S. 113 ff. Konsequenterweise betrachtet Amery auch die »sozialistisch-theologische Koalition« (S. 142) der Dialog- und »Tagungstheologie« (S. 135. 139) wegen der unabsehbaren ökologischen Folgen des »progressistischen Klimas« mit äußerstem Mißtrauen, weil von der Weltentwicklung bereits überholt.
[31] AaO S. 183.
[32] *Cobb* (s. Anm. 26) folgt freilich dem amerikanischen Historiker *Lynn White*, s. dazu im Geleitwort von *K. Scholder* S. 8.
[33] *C. Amery* (s. Anm. 7), S. 211.
[34] AaO S. 203.

die Vorstellung der Absoluten Zukunft, die als Motor der tödlichen Akzeleration gewirkt und zugleich als Alibi gedient habe, bis in die letzten theologischen Lehrbewegungen und den christlich-marxistischen Dialog hinein.[35] In dieser Form ungewöhnlich und interessant ist auch die Denunziation der, wie Amery meint, unbegrenzten ökologischen Garantien des Noahbundes, der als Freibrief für alles ausbeuterische Wesen gewirkt habe[36], wobei freilich der auch hier nicht fehlende Vorbehalt Gottes übersehen sein dürfte.

Bei aller im einzelnen notwendig erscheinenden Kritik an manchen historischen Herleitungen Amerys und Cobbs, die ja immerhin großenteils nur die von Theologen selbst ausgesprochenen Erfolgsmeldungen beim Wort nehmen, bleibt wohl ein nicht leicht auszuräumender Kern ihrer Anfrage, mit dem sich die Theologie, und zwar nicht nur ihre Ethik, auseinanderzusetzen hat, nämlich die möglicherweise unaufhebbaren Aporien in dem so folgenschweren menschlichen Handeln, auch dem, das bislang als christlich verantwortliches angesehen wurde. Ist denn nicht der Mensch zum Dominium terrae (Gen 1,26 ff) geschaffen und dahindurch zu endgültiger Gemeinschaft mit Gott bestimmt? Wie steht es um die Legitimität des christlichen Gottesglaubens im Geschick dieser Welt? Was hat es mit ihm und der christlichen Hoffnung auf sich, wenn nicht nur die bestgemeinte Aktivität im Vollzug des allen Menschen aufgetragenen dominium die natürlichen Lebensgrundlagen unaufhaltsam zerstört und zur Selbstvernichtung führt, sondern gerade auch dann, wenn christliches Welthandeln als Ausdruck eschatologischen Lebens verstanden wird oder gar bewußt zur Verwirklichung einer Vision des Endreiches geschieht, aber eben dadurch der Prozeß der Zerstörung nur noch beschleunigt wird? Wenn also solche Wirkungen nicht nur dort eintreten, wo Religion auf die Ausbeutungs-

---

[35] AaO S. 52. 62 f. 159 ff. 193 ff.
[36] AaO S. 17 f. 21 f. u. ö.

gesellschaft direkt stabilisierend wirkt, sondern – bislang wenigstens – gerade auch da, wo sie zu freier, schöpferischer Arbeit und gesellschaftlicher Emanzipation motivieren will? Wenn diese Fragen leichtfertig abgetan, durch Hinweis auf eben noch nicht voll entwickelte menschliche Fähigkeiten aufgeschoben oder nur als Ausdruck einer tragischen Ambivalenz der Menschennatur dahingestellt gelassen werden – auch wenn man die eine oder die andere Auskunft wie gewohnt nur mit einem christologischen Vorzeichen versieht –, dann greift die allgemeine Ratlosigkeit und verbreitete Versuchung zur Selbsttäuschung über die akuten Möglichkeiten des Weltgeschicks auch auf die Theologie über.

II. DIE ESCHATOLOGIE ANGESICHTS DER ÖKOLOGISCHEN ALTERNATIVE

1. Die fatalistische Aushöhlung des Fortschrittsglaubens als unerwartete theologische Frage

Damit stehen wir in der zweiten Fragerichtung, die wir ja beim gegenwärtigen Stand erst mehr problematisierend als mit der Gewißheit definitiver Antworten verfolgen müssen. Wie ist das eschatologische Denken der Theologie auf diese Herausforderung gerüstet? Es ist immerhin eine Herausforderung, die sich nicht allein in der Aufstellung von unbequemen, aber doch nicht exakt beweisbaren Theorien über eine Menschheitsdämmerung oder in diskutablen geistes- und sozialschichtlichen Herleitungen eines heraufziehenden Elends erschöpft. Sie zeigt vielmehr zugleich, was fast wichtiger ist, eine tiefgreifende Verunsicherung, ja einen möglicherweise epochalen Umschlag des Lebensgefühls an, der sich gegenwärtig relativ still vollzieht, viele überrascht und zumeist nur ungern eingestanden wird. Was die Theologie hier besonders alarmieren muß, ist die begründete Befürchtung, daß es sich dabei um eine Umorientierung eher in Richtung auf einen allgemeinen Fatalismus hin handelt als um jene unverzügliche globale »Buße«, die die Futurologen nun plötzlich fordern oder wie selbstverständlich erwarten, nachdem sie lange Zeit in ihrer Mehrzahl doch zur gegenteiligen Haltung, zum freudigen »Angriff auf die Zukunft«[37] ermuntert haben.

Wie reagiert die Theologie, wenn das in der Nach-Nachkriegszeit erneut aufgekommene Klima der Fortschrittsgläubigkeit

---

[37] So noch der deutsche Titel des letzten Buches von *Hermann Kahn* (s. Anm. 15).

sich nun auflöst?[38] Wenn der für fest gehaltene Boden unterminiert wird, aus dem sich bei der Theologie wohl ein großer Teil ihrer »Sprachnot« in bezug auf die Gottesfrage nährte, auf dem sich aber auch ein neuartiges ethisches Bemühen entwickelte, das ja zu einer Fülle von wichtigen Einsichten und zur Wiederentdeckung vernachlässigter Traditionen geführt hat? Was geschieht mit ihrer neuerdings wieder so dezidiert futurischen Eschatologie und deren enger und oft exklusiver Verknüpfung mit der Ethik, wenn der Gedanke an die Zukunft immer weniger Hoffnungen zeitigt als tiefes Mißtrauen und tödliche Ängste? Wenn die Theologie feststellen muß, daß hier nicht nur wieder einmal alte, wohlbekannte Ambivalenzen zum Vorschein kommen, die mit der erneuten dialektischen Aufhebung durch einen bestimmten theologischen oder christologischen Gedanken auszuhalten und damit auch ethisch anzugehen wären, sondern daß mit jedem Tag und jedem Monat, der vergeht, eine vorher so nicht gekannte reale Aporie auf uns zukommt, nämlich der in dem Maße, wie die erforderliche globale Umkehr ausbleibt, wahrscheinlicher werdende Zusammenbruch der Lebensbasis?

Was sagt die Theologie, wenn alle Welt vielleicht bald des inne wird, daß die drohende Aporie des »ökologischen Teufelskreises«[39] die schon gefaßten großen Hoffnungen auf eine für greifbar nahe gehaltene technologische und politische Sprengung der anderen »Teufelskreise des Todes«, nämlich die der Armut, der Gewalt (einschließlich der ABC-Waffen), der rassischen und kulturellen Entfremdung und mit alledem des Sinnverlustes[40], möglicherweise nun endgültig zuschanden macht? Wenn eben auch diese anderen Aporien mit ihren man-

---

[38] Vgl. hierzu die wohl treffende Diagnose von *H. Zahrnt:* Wiederentdeckung der Religion. EvKomm 5, 1972, S. 521 f. (521–524).

[39] Diesen Begriff nimmt *J. Moltmann* (Der gekreuzigte Gott. Das Kreuz Christi als Grund und Kritik christlicher Theologie. München 1972, S. 314) als theologischen auf (S. 182 f. 270 f. 294).

[40] *J. Moltmann* (s. Anm. 39), S. 306 ff.

cherlei Schrecken nun wieder voll und sich aufhäufend ins Spiel kommen, potenziert nämlich durch den sich vielleicht jetzt schon langsam anspannenden Verzweiflungskampf um die letzten irdischen Lebensmöglichkeiten? Wenn sich darum bereits heute Lethargie und Eskapismus ausbreiten, wofür die letzte Okkultismuswelle ein Indiz sein könnte? Wenn also ein schleichender Schicksalsglaube um sich greift, der sich sowohl in offener Resignation als auch vorwiegend noch in selbstzufriedener Trotz- oder Verdrängungshaltung ausdrücken kann[41], der aber nicht mehr so unverbindlich sein dürfte wie der oft gespielte Fatalismus sorgenfreierer Zeiten? Hier muß sich die Theologie fragen lassen, was der christliche Glaube über das Ende des Menschen und seiner Welt zu sagen hat. Wir versuchen nun, unter diesem Aspekt einige der wichtigsten heute vertretenen eschatologischen Lehrmeinungen zu betrachten.

2. Die Antworten gegenwärtiger Eschatologien

a) Die traditionelle Apokalyptik

Da ist zuerst die noch verbreitete naive biblizistische Apokalyptik, die durch die gefährdete Situation unserer Erde und das darum täglich zutreffender werdende Wort Pichts von der »Entmutigungsgesellschaft«[42] sich vielleicht überrascht, aber nicht eigentlich berührt, vielmehr geradezu bestätigt sehen dürfte.[43] Auch wo sie sich von sektiererischer Panikmache freihält und auf einem hohen Reflexionsniveau, etwa in der Nähe der Theosophie einhergeht, ist sie stets versucht, die futurolo-

---

[41] J. B. Cobb (s. Anm. 26, S. 135) erkennt wohl richtig die Zusammengehörigkeit von Resignation und Selbstzufriedenheit in der Hoffnungslosigkeit.
[42] Bei J. Moltmann: Der gekreuzigte Gott (s. Anm. 39), S. 308. 311.
[43] Diese Betrachtungsweise wird bei C. Amery (s. Anm. 7, S. 11) etwas verzerrt dargestellt und pauschal beiseitegeschoben.

gischen Prognosen vorschnell für absolut zu nehmen, ihnen also eine größere Gewißheit zuzusprechen als sie selbst es zulassen, und sie dann in ein vorher feststehendes apokalyptisch-heilsgeschichtliches Schema einzuordnen.[44] Das relative Recht dieser mutigen Frömmigkeitshaltung besteht darin, daß sie die kosmische Dimension des Eschatologischen nie unterschlagen hat, auch darin, daß sie die Naherwartung als auch gegenwärtige Möglichkeit christlichen Glaubens nicht von vornherein ausschließt.[45] Bedenklich ist, daß sie in ihren vulgären Formen sich oft allzu begierig an negative Gegenutopien[46] anzulehnen scheint. Sie vergißt vor allem nicht selten trotz mancher Beteuerungen die neutestamentliche Warnung vor der zeitlichen Berechnung des Endes. Die sogenannten »Zeichen der Zeit« waren aber z. B. in den synoptischen Evangelien nicht ohne weiteres Anzeichen der Nähe des Endes, sondern im Zuge früher Apologie Hinweise auf seine Verzögerung.[47]

---

[44] *H. Lachenmann* (Entwicklung und Endzeit. Hamburg 1967) kommt trotz der in seiner Schichtentheorie gegebenen Vorbehalte (z. B. S. 135) doch zur klaren Prognose des unmittelbar bevorstehenden Endes. Zur jüngsten ökologischen Problematik hat er freilich u. W. noch nicht Stellung bezogen, er dürfte aber hier ähnlich kurze Fristen setzen wie bei seiner früheren Radikalisierung Heim'scher Gedanken: Festlegung des Weltendes nicht im fernen Wärmetod, sondern in einem unmittelbar bevorstehenden »Blitz, in dem sich die Spannungen entladen« (S. 102). Es gilt daher, »die Größe der kosmischen Stunde..., in der wir leben« zu verstehen (ebd.). Die Existenz hart vor der »Schwelle«, vor dem Konvergenzpunkt, dem Punkt der Reife hat zum »unzweideutig« erkennbaren Zeichen (S. 236 f.) die drohende Selbstvernichtung durch die Atomwaffen (S. 212 ff. 237, vgl. *ders.:* Welt in Gott. Hamburg 1960, S. 214).

[45] Hier ist auch *Paul Schütz* zu nennen. Die scharfe Kritik an Schütz und Lachenmann durch *S. M. Daecke* (Teilhard de Chardin und die evangelische Theologie. Göttingen 1967, S. 309 ff.) müßte freilich angesichts der in der Zwischenzeit geschehenen Umorientierung gerade der seriösen Futurologie stark modifiziert werden.

[46] S. dazu *O. K. Flechtheim:* Futurologie (s. Anm. 9), S. 163 ff.

[47] S. *E. Gräßer:* Das Problem der Parusieverzögerung in den synoptischen Evangelien und in der Apostelgeschichte. 2. Aufl. Berlin 1960, S. 177 f.; vgl. auch *W. Elert:* Der christliche Glaube. 5. Aufl. Hamburg 1960, S. 522 zu 2. Thess. 2,1 ff.

b) Die überzeitliche Eschatologie

Dem gegenüber stehen alle die neueren Eschatologien, die nicht oder nicht ernsthaft mit einem Ende dieser Welt und ihrer Geschichte rechnen oder auch ein für möglich gehaltenes Ende als theologisch irrelevant ansehen. Der hier vor allem zu nennende vielgestaltige Versuch, den weltbildhaften Beschränkungen der alten eschatologischen Kirchenlehren zu entgehen und doch den Kern der eschatologischen Botschaft des Neuen Testaments zu bewahren, ist die zunächst breite, heute aber schmaler gewordene Strömung der – wie man sie genannt hat – überzeitlichen Eschatologie. Sie ist jetzt unübersehbar zurückgetreten, weniger weil sie bei der konservativeren Theologie nicht durchdrang und sogar einer ihrer wichtigsten Vertreter, Paul Althaus, schon bald die endgeschichtliche Dimension teilweise wieder einbezog, als vielmehr durch die neue Futurisierung der Eschatologie besonders im Zuge der Debatte um die »Theologie der Hoffnung« in den sechziger Jahren. Ihre bleibende Stärke aber ist erstens die Ortung des entscheidenden eschatologischen Geschehens in dem auf Anrede angewiesenen Christusglauben als Ursprung eschatologischer Existenz und zweitens – hier schließen wir uns an das Urteil Wolf-Dieter Marschs an – die deutliche Unterscheidung des Zukommens Gottes im Glauben von der damit nicht ohne weiteres zusammenfallenden »Vielfalt historisch-gesellschaftlicher Zukünfte«.[48] Ihre Schwäche ist die oft vermeintlich damit verbundene Exklusivität ihrer Konzentration auf einen »geschichtslosen Augenblick als Erfüllung des Heils«[49] und die deshalb nicht bei einer systematischen Unterscheidung stehenbleibenden, vielmehr oft darüber hinausgehende Abblendung der gesellschaftlichen Bedingungen und damit auch eines wesentlichen Teils der Zukunftsproblematik des Existierens.

---

[48] *W.-D. Marsch:* Zukunft (s. Anm. 1), S. 91.
[49] AaO S. 111.

Die diffizile Begründung dieser Zurückhaltung aus dem Wesen des Glaubens hat aber angesichts des gegenwärtigen »Zwangs zur Zukunft«[50] wenig Aussicht auf Gehör. Dies um so mehr, als auch der Verdacht einer bestimmten weltanschaulichen Vorentscheidung naheliegt, welche etwa in einer Bemerkung Rudolf Bultmanns in seinem berühmten Entmythologisierungsaufsatz getroffen wird, daß nämlich nicht nur seit dem Neuen Testament »die Weltgeschichte weiterlief«, sondern auch »— wie jeder Zurechnungsfähige überzeugt ist – weiterlaufen wird«.[51] Eben dies letztere steht aber heute für alle Zurechnungsfähigen ernstlich in Frage!

c) Das christlich-ethische Zukunftsdenken

Die inzwischen aufgekommene futurische Eschatologie mit ihrem stark ethisch-politischen Akzent hat nun nicht nur die einseitige Reduktion der Eschatologie auf das »gottunmittelbare Erleben des einzelnen Subjekts«[52] rückgängig gemacht und auch die futurische und universale Komponente der biblischen Tradition wieder ins Spiel gebracht, mit Recht, sofern sie die prinzipielle Präponderanz der eschatologischen Anwesenheit Gottes als Kommen im Wort dabei nicht beeinträchtigt. Aber sie unterliegt auch der Kritik, wo sie sich zu eng mit teleologischer Geschichtsphilosophie verbündet.[53] Denn ob das gesellschaftsphilosophisch anvisierte »Telos einer wahrhaften

---

[50] AaO S. 17.
[51] *R. Bultmann:* Neues Testament und Mythologie. In: Kerygma und Mythos I. Hamburg 1948, S. 18 f.
[52] *W.-D. Marsch:* Zukunft (s. Anm. 1), S. 87.
[53] Hierzu neigt *Marsch* (z. B. aaO S. 147–152), wenn er auch um Einhaltung der Grenzen bemüht ist: Das Bündnis ist nur ein Bündnis der »Praxis«, dem Streit der Fakultäten offen, aber denn doch auf ein gemeinsames exklusives Ziel gerichtet, auf »die Zukunft des Menschen als Teil einer ›werdenden Welt‹« (S. 165 Anm. 173). Über den prinzipiellen Unterschied zwischen teleologischem und christlich-eschatologischem Denken s. *C. H. Ratschow:* Das Heilshandeln (s. Anm. 25), passim u. *ders.:* Atheismus im Christentum? (s. Anm. 4), S. 83 f. 108 f.

Humanisierung der Erde«[54], das z. B. Marsch der Theologie in Erinnerung bringt, mit dem eschatologischen Heil des kommenden Gottes identisch sein muß und dieses notwendig nur mit jenem zugleich sich verwirklichen kann, wird heute immer fraglicher. Nicht nur hinterläßt die nochmalige Lektüre der bunten futurologischen Bücher der sechziger Jahre heute den faden Nachgeschmack nicht erkannter lebensgefährlicher Konsequenzen eines Humanisierungsstrebens, das die Grenzen der Belastbarkeit unseres Planeten nicht bedenkt, es gilt dies auch von so mancher theologischer Broschüre jener Jahre. Die Ökologie als »subversive Wissenschaft«, wie sie von einigen ihrer Vertreter selbst nicht ohne Betroffenheit bezeichnet wird[55], zerstört nicht nur laufend technische und politische Knabenträume, sie entzieht auch zunehmend vielen ernsthaften, aber zugleich kaum bewußt noch an irreführenden technologischen Glücksprognosen orientierten Zukunftstheorien, auch von Theologen, den Boden.[56] Die Frage zum Beispiel, ob nicht gerade auch das beste, Gewißheit und Eindeutigkeit ermöglichende Zusammenspiel von Teleologie und Eschatologie, zugunsten einer humanen Zukunft[57], für den Menschen und seine Welt etwa auch seinerseits schädliche Folgen haben oder gar

---

[54] *W.-D. Marsch* aaO S. 149.
[55] *A. Shephard* und *D. McKinley* und im Anschluß an sie auch *A. Portmann* und *A. Mitscherlich* in: Das beschädigte Leben (s. Anm. 22), S. 17. 21 f. 47 ff.
[56] Typisch dafür ist selbst noch das Zukunftsbuch von *W.-D. Marsch* (1969, s. Anm. 1), der zwar im Unterschied zu anderen die ökologische Frage schon früh in den Blick bekam, aber doch eine durchgehend optimistisch-technologische Prognose von 1963/64 (*O. Helmer/T. J. Gordon*), als »seriös« ausgewählt, zur Orientierung an den Anfang stellte (S. 22 ff.); deren Eindruck wird auch durch den Abschnitt über »Die Not des Überlebens« (S. 131 ff.) nicht wirksam in Frage gestellt. Interessant ist auch, daß im Sprachgebrauch von 1969 mit dem Begriff »Umwelt« allein die Problematik des inhumanen Lebens in der technokratisch »verwalteten Welt« anvisiert wurde (S. 136 ff.), noch ohne Bezugnahme auf die heute zur Rede von »Umwelt« dominierend hinzugehörige ökologische Existenzfrage. In *Marsch*'s kleinem posthumen Beitrag (s. Anm. 26) herrscht freilich eine andere Grundstimmung.
[57] *W.-D. Marsch:* Zukunft (s. Anm. 1), S. 148 ff.

tödlich ausgehen könnte, diese Frage wurde von der Theologie der letzten Jahre noch nicht eigentlich miterwogen. Heute aber müssen wir in Rechnung stellen, daß die realutopisch unbedingt erforderliche Voraussetzung einer so humanisierten Erde, nämlich die voll hominisierte Erde[58] – also in letzter Konsequenz die glitzernde »Secular City«, welche Harvey Cox zuerst begeistert beschwor und nun betroffen flieht[59] – nach allem, was wir wissen, zugleich auch ihr Ende als Biosphäre bedeuten dürfte. Die werdende »Welt-Stadt« hat eben nicht so selbstverständlich, wie Cox zunächst meinte, nur einige mit der Wüstenwanderung Israels vergleichbare »gefährliche Jahrzehnte«[60] politischer und sozialer Umbrüche vor sich, in denen sich klären wird, ob sich auch wahrhaft humanes Leben in ihr entwickeln kann. Sie wird vielmehr selbst – als Konstruktion des homo faber und auch durch den nach Cox diese erst zu voller Kraft steigernden Beitrag der prophetischen Visionen der Kirche in ihr[61] – zur Hauptursache der drohenden Selbstvernichtung des Menschen auf seiner zur Humanisierung hominisierten Erde. Unter diesen ökologischen Auspizien verliert der heute häufiger gehörte Satz, das christlich verstandene Heil bestehe eben darin, daß »die Welt dem Menschen zur Heimat wird«[62], einen Großteil seiner vermeintlichen Einsichtigkeit. Oder, wie Johann Baptist Metz angesichts des ökologischen Problems bekannte: »Der Wärmestrom der Teleologie,

---

[58] Vgl. *C. Amery* (s. Anm. 7), S. 236.
[59] Vgl. *H. Cox*: Stadt ohne Gott? 6. Aufl. Stuttgart 1969 mit *ders.*: Abschied vom bürgerlichen Leben. Hamburg 1972.
[60] *H. Cox:* Stirb nicht im Warteraum der Zukunft. 2. Aufl. Stuttgart 1968, S. 148.
[61] AaO S. 151; vgl. *C. Amery*: Das Ende (s. Anm. 7), S. 195: Das Christentum »hat zwar nicht die Stadt Gottes gebaut, aber dafür die Secular City, die Weltstadt, mitgebaut – als ziemlich maßgeblicher Unternehmer«.
[62] So aus seinem dialektischen Zusammenhang genommen wird der Blochsche Gedanke in äußerster Spannung zu Phil. 3, 20 f. christianisiert z. B. bei *Th. Lorenzmeier:* Glaube und Wirklichkeit bei Gerhard Ebeling. In: Theologie und Unterricht. Festgabe f. H. Stock. Gütersloh 1969, S. 43 (27–44).

der unser Bewußtsein getragen hat, versiegt immer mehr. Die teleologische Zuversicht auf eine zunehmende Versöhnung von Mensch und Natur ist gebrochen, und jetzt, da sie vergeht, merken wir erst, wie tief und nachhaltig sie uns bestimmt hat – bis in unsere philosophischen und theologischen Interpretationen der Zukunft hinein. Nun aber tritt plötzlich wieder Sisyphus neben Prometheus, Nietzsche neben Marx, Camus neben Teilhard, Monod neben Whitehead...«.[63]

d) Die individuelle Eschatologie

So nähert man sich von verschiedenen Seiten heute wieder dem älteren eschatologischen Unterthema des Endes im Sinne von Aufhören und Untergang, die Voraussetzung, ohne die man über das neue Leben nicht zu theologisieren vermochte. Diese Wendung geschieht etwa dort, wo man das Problem des individuellen Todes neu in den Blick faßt. Doch bleibt man dann oft hierbei stehen und kommt nicht mehr zu den heute erforderlichen klareren Aussagen über das Geschick auch des Kosmos. So etwa bei Heinz Zahrnt am Ende seines Buches »Gott kann nicht sterben«[64] oder schon früher und deutlicher bei Hans-Joachim Birkner, der unter dem Titel »Eschatologie und Erfahrung«[65] schrieb: »Das mögliche Ende des Kosmos und das mögliche Ende der Menschheitsgeschichte – es ist schwer zu sehen, wie sie Gegenstand besonderer theologischer Aussagen sein sollten.«[66] Er meint dann, sie seien heute »delegiert an die hypothesenbildende Naturwissenschaft und an die Wissenschaften, welche die Erfahrung der Geschichte auslegen«[67]

---

[63] *J. B. Metz:* Erinnerung des Leidens als Kritik eines teleologisch-technologischen Zukunftsbegriffs. EvTh 32, 1972, S. 338 (338–352), vgl. auch *J. Moltmann:* Hoffnung und die biomedizinische Zukunft des Menschen. Ebd. S. 310 f. (309–326).
[64] München 1970, S. 303 ff.
[65] In: Wahrheit und Glaube. Festschrift f. E. Hirsch. Itzehoe 1963, S. 31–41.
[66] AaO S. 39.
[67] AaO S. 39f.

und schließt daraus: »An die Stelle der alten Themen Ende des Kosmos und Ende der Geschichte treten die umfassenderen Themen Erfahrung der Natur und Erfahrung der Geschichte. Die Eschatologie konzentriert sich damit auf den dritten Motivkomplex der dogmatischen Tradition, auf die sogenannte individuelle Eschatologie«.[68]
Hier wäre zu fragen: ist damit wirklich nur eine möglicherweise angemessene Konzentration auf das Verhältnis des Glaubenden auch zu seinem eigenen irdischen Geschick gemeint – man sollte das nicht von vornherein als individualistisch perhorreszieren – oder etwa eine Exklusivität, die an dieser Stelle nur den Weltverlust des Glaubens zur zweifelhaften theologischen Tugend erhebt? Gehört denn heute nicht zu einer wachen Erfahrung der Natur und der Geschichte auch die sich in bestimmten Vorstellungen und Erwartungen aussprechende Erfahrung der Eingebundenheit des Einzelnen in seine gesellschaftlichen und naturhaften Bezüge, einschließlich der nun ganz realen Möglichkeit eines selbstzugefügten überindividuellen und transhumanen Endes? Gehört damit dieses Thema nicht doch sehr wohl wieder in die Eschatologie hinein, auch nach dem Theologiebegriff Birkners?[69]

e) Die modifizierte Theologie der Hoffnung
(J. Moltmann: Der gekreuzigte Gott)

In diesem Zusammenhang verdient die Tatsache eine Würdigung, daß die weit über die Heilsfrage des Individuums hin-

---

[68] AaO S. 40, neben der kosmologischen und universalgeschichtlichen.
[69] Er vertritt eine Theologie, »die sich nicht als Systematisierung biblischer Vorstellungen und Aussagen, sondern als Beschreibung und Auslegung der geschichtlichen Erfahrung des Glaubens versteht« (aaO S. 39). Wie man die Reflexion auf das überindividuelle und transhumane Ende in eine eschatologische Betrachtung des Todes heute einbeziehen kann, zeigt *E. Schmalenberg:* Der Sinn des Todes. NZSThR 14, 1972, S. 233 bis 249, bes. 242 ff., auch in *ders.:* Tod, Gericht, Unsterblichkeit. Stuttgart 1972 = Calwer Hefte 124.

ausgreifende »Theologie der Hoffnung« bei allem Engagement für eine humanere Zukunft doch eine Festlegung auf die Machbarkeit des Reiches der Vollendung bis jetzt vermieden und auch eine gewisse Distanz gegenüber den teleologischen Denkmodellen hat durchhalten können. Dazu gehört das, was man an der Theologie Jürgen Moltmanns als Aufrechterhaltung der Differenz zwischen Gott und Welt, als Flucht in die »absolute Futurisierung« und als Sichbegnügen mit einer bloßen »Beschwörung« der Treue Gottes[70], von anderer Seite auch als konsequenzscheue und praxisfremde »Kathedereschatologie«[71] kritisiert hat. Ob diese bei Moltmann zweifellos von Anfang an vorhandene[72], aber erst neuerdings deutlicher christologisch und trinitarisch begründete Zurückhaltung sich nun auch im Blick auf die ökologische Problematik auszahlen kann, bleibt abzuwarten. Immerhin hat Moltmann in seinem jüngsten Buch »Der gekreuzigte Gott«[73] wie auch in seinem Referat vor dem Zentralausschuß des Weltkirchenrats in Utrecht im August 1972[74] auf die schon erwähnten fünf »Teufelskreise« und ihre gefährliche Verquickung hingewiesen, ja sogar bestimmter, als man es wohl jetzt schon tun muß, generell von ihrer »Ausweglosigkeit« gesprochen.[75] Dennoch scheint er nach anderen Formulierungen eine gemeinsame Zukunft der Menschheit auf dieser Erde doch noch für realisierbar zu halten[76], und zwar in letzter Stunde vermittelt durch das »befrei-

---

[70] *P. Cornehl*: Die Zukunft der Versöhnung. Göttingen 1971, S. 347, ähnlich vorher schon *W.-D. Marsch*: Zukunft (s. Anm. 1), S. 100 ff. 147 f.; noch weiter als Moltmann hat *G. Sauter* (Zukunft und Verheißung. Zürich/Stuttgart 1965) diese Zurückhaltung getrieben, s. dazu *P. Cornehl* aaO S. 348 f.
[71] *H. Zahrnt*: Gott kann nicht sterben. München 1970, S. 271 ff.
[72] *J. Moltmann*: Theologie (s. Anm. 2), S. 140 ff., dazu vgl. *ders.*: Der gekreuzigte Gott (s. Anm. 39), S. 10.
[73] AaO S. 306 ff.
[74] *J. Moltmann*: Gemeinschaft in einer geteilten Welt. Ökumene als Antwort auf den Schock der Zukunft. EvKomm 5, 1972, S. 524–528.
[75] *J. Moltmann*: Der gekreuzigte Gott, S. 270. 313.
[76] *J. Moltmann*: Gemeinschaft (s. Anm. 74), S. 524: »Es gibt für die Men-

ende Handeln«[77], zu dem – trotz der »Relevanzkrise des christlichen Lebens«[78] – die zu einende Kirche besonders aufgerufen sei.[79] Von einem durch das christliche Zeugnis vollzogenen »Exorzismus der Nachtgespenster und der Untergangsgefühle«, also von der auch in der Aktion sich niederschlagenden weiteren »Ausbreitung der Hoffnung des Glaubens« erwartet er für die Welt nach wie vor mehr als von »pragmatischen« Programmen.[80]

Ob aber nun diese modifizierte Form der »politischen Theologie«[81] zugunsten des Menschen nicht selbst gegen ihre Absicht auch sehr schädliche Folgen für seine irdische Lebensbasis haben könnte, wird immer noch nicht reflektiert. Auch in ihrer bislang letzten Gestalt vermag somit die »Theologie der Hoffnung« ebenso wie die teleologisch-eschatologische Ethik nicht die Bedenken auszuräumen, die etwa von John B. Cobb[82] oder auch schon von Claude Lévi-Strauss[83] im Hinblick auf die im Effekt naturverheerenden Begleiterscheinungen des geschichtswirksamen Christentums geäußert und von Amery sogar ausdrücklich auch auf Moltmann bezogen worden sind.[84] Es sind ja keineswegs nur irgendwelche »Unmenschen«, von denen Moltmann denunzierend Abstand nimmt[85], welche die

---

schen untereinander und für Menschen und Natur nur noch eine gemeinsame Zukunft. Da wir diese Zukunft zerstören können, liegt es an uns, einer Zukunft des Lebens heute den Weg zu bereiten.«

[77] *J. Moltmann*: Der gekreuzigte Gott, S. 308–312.
[78] AaO S. 12 ff.
[79] *J. Moltmann*: Gemeinschaft, S. 524. 526 f.
[80] AaO S. 528.
[81] Die Problematik der »Teufelskreise« wird allein unter dem Thema »Wege zur politischen Befreiung des Menschen« abgehandelt (Der gekreuzigte Gott, S. 292 ff.).
[82] *J. B. Cobb*: Der Preis des Fortschritts (s. Anm. 26), S. 49 ff.
[83] Der Spiegel Nr. 53, 1971, S. 94.
[84] *C. Amery*: Das Ende (s. Anm. 7), S. 217–220, vgl. 131–143.
[85] *J. Moltmann*: Der gekreuzigte Gott, S. 310 f. Man wird sicherlich Gradunterschiede der Verantwortlichkeit finden und bei dem Versuch politischer Gegensteuerung die verursachenden Faktoren in unserer Erwerbswirtschaft besonders kritisch untersuchen müssen. Doch dürfte es tiefer-

Natur- und Lebensbasis zerstören, sondern alle Menschen, und zwar auch die, welche die Erde nur zu allerbesten Zwecken weiterentwickeln, sie um der Humanisierung willen zwangsläufig hominisieren. Wie wir heute wissen, sind es wir alle, die in die Naturprozesse störend eingreifen zur »Befriedigung der materiellen Bedürfnisse des Menschen«.[86] Eben dieses so gefährlich allgemein beschriebene Ziel nennt Moltmann nach wie vor an erster Stelle bei den »Lebensrichtungen der Befreiung«[87], unter denen dann auch der »Frieden mit der Natur« auftaucht, ohne aber daß der zwischen beiden schon längst akute Ziel- und Prioritätskonflikt ganz offengelegt würde. Bloß auf die Interdependenz der Probleme hinzuweisen und noch heute ihre gleichzeitige und gleichrangige Lösung als erreichbar oder wenigstens als theologisch sinnvoll anstrebbar hinzustellen[88], ohne dem materiellen Zuwachs seine Priorität ausdrücklich zu bestreiten, wenn man schon nicht aus Rücksicht auf die Vertreter der »Dritten Welt« die einschneidende Rückstufung unserer Standardvorstellungen zur Debatte stellt, wie viele es für nötig halten, – ein solches Nebeneinander führt nicht aus der unreflektierten Verstrickung in die möglichen Schadensfolgen auch der eigenen Theorie heraus. Wie sie sich also wenden mag, bleibt auch die als »praktische Theorie«[89], als »Theologie der Befreiungen«[90] verstandene Kreuzestheologie selbst in die zerstörerische Interdependenz der Teufelskreise verwickelt, nur eben, daß sie diesen Sachverhalt noch nicht erkennt und einer theologischen Klärung zuzuführen versucht.

---

    reichende anthropologische Konditionierungen geben, die allen heute denkbaren Gesellschaftsformen vorausliegen, s. dazu *C. Amery*: Das Ende (s. Anm. 7), S. 172–176. 207 ff.
[86] *J. Moltmann*: Der gekreuzigte Gott, S. 309. Über die Schwierigkeiten, die konkreten Bedürfnisse zu bestimmen, s. *Amery* (vor. Anm.).
[87] *J. Moltmann*: Der gekreuzigte Gott, S. 308 ff.
[88] AaO S. 312 ff.
[89] AaO S. 30.
[90] AaO S. 306. 313.

3. Das verdrängte theologische Problem: Der mögliche Untergang des Menschen und seiner Welt

Ebenso wie bei vielen anderen Gestaltungen gegenwärtigen eschatologischen Denkens bleibt also auch dort, wo die ökologische Crux schon ins Blickfeld rückt, noch etwas ausgespart, nämlich die ausdrücklich theologische Reflexion auf ein Ende dieser Welt, das auch das Ende aller christlichen »Wege der Befreiung« bedeutet. Früher war eine Lehre vom Ende der Welt im Sinne eines so radikalen Aufhörens im Zusammenhang mit der Rede vom Neuanfang ein integrierender Bestandteil der Dogmatik. Heute wird dieses Thema meistens als ein nur »antikes«, mit der Metaphysik vergangenes, schlicht abgetan[91] oder aber wie bei Moltmann aus geradezu panischer Angst vor dem, was er »Sektenmentalität«[92] nennt, mit nur indirekt andeutenden Bemerkungen dahingestellt[93] und im Offenen einer innerweltlichen Dialektik handlungsorientierten Verstehens aufgehoben.[94] Demgemäß gehen offenbar die im Exodus befindlichen, kraft[95] der memoria crucis in der Hoffnung der Auferstehung lebenden »ersten Freigelassenen der Schöpfung« – nur sehr begrenzt angefochten, wenn man

---

[91] Z. B. bei *W.-D. Marsch*: Zukunft (s. Anm. 1), S. 77 ff. 106. 113. Es ist aber die Frage, ob das Urteil, die Zukunft Jesu »beende(t) nicht die Geschichte vorzeitig« (S. 111) einem Theologen möglich ist. Spricht man noch von Jesus, wenn man etwa Mk 13, 33–37 wegblendet?
[92] *J. Moltmann*: Der gekreuzigte Gott, S. 25.
[93] Z. B. aaO S. 270. 313. 309: »Befreiendes Handeln muß darum einmal diese teuflischen Regelkreise lokalisieren und zum anderen ihr Zusammenwirken erkennen. Es muß in diesen fünf Dimensionen zugleich wirksam werden, um das ganze Leben von Bedrückung zu erleichtern.« Diese vorsichtige Rede von »erleichtern« und »Bedrückung« (auch S. 306. 313) scheint mit nur zeitweiligem Aufschub der Tödlichkeit der Bedrohung zu rechnen.
[94] Z. B. aaO S. 314: »Die Sache der Befreiung steht gerade nicht fest, sondern liegt im Prozeß und wird nur durch beteiligtes, dialektisches Denken erfaßt«; vgl. S. 297 f.
[95] Nach *Moltmann* kann Jesu »Kreuzestod ›für uns‹ als *Beweis* seiner Auferstehung verstanden werden« (aaO S. 174).

Luthers Maßstab anlegte – durch die schrecklich endende Welt hindurch[96] und sind dabei von einer radikal selbstkritischen Betrachtung der möglichen Bedeutung des Weltendes für ihren eigenen Glauben entbunden und für die doch auch negativen Folgen ihres neuen, befreienden Handelns nicht selbst mehr vor Gott und Menschen haftbar, weil sie »panentheistisch«[97] in Christi Leben und Leiden aufgehoben sind. Vielleicht kann ein Christ in der Tat hier so oder ähnlich davonkommen. Auch der Glaube geht ja einem Gericht entgegen. Aber die Theologie sollte über den von anderen inzwischen aufgedeckten unausbleiblichen Beitrag seiner Weltwirkung zur Weltzerstörung klarere Aussagen machen in einer Zeit, in der von allen Seiten nicht nur gefragt wird: Was ist mit der alten Welt? Wird sie sterben? Wird sie weiterleben?, sondern eben auch, wieder zunehmend: Ist etwas danach? Was würde es denn helfen, wenn ich glaubte? Warum soll ich glauben, wenn die welthaften Folgen des Christentums – und nicht nur die des konservativen – nach allem, was wir erkennen, auch »gnadenlos« sind? Ist das dann das letzte Wort? Oder bringt ein künftiger großer »Schnitt«, die Ernte, von der die Bibel spricht, kaum aber mehr die Theologen, doch etwas Neues? Oder erübrigt sich die Rede vom neuen Himmel und der neuen Erde dann, wenn unsere Biosphäre zum Tode verurteilt sein sollte? Oder ist damit mehr gemeint, etwas das kommt, unabhängig davon, was wir tun und erreichen? Gilt hier dasselbe wie früher, etwas anderes oder gar nichts?

Nun, es besteht die Möglichkeit, daß der Glaube an solchen Fragen sich bewährt. Aber was sagt die Theologie? Nicht, daß

---

[96] J. *Moltmann*: Die ersten Freigelassenen der Schöpfung. 2. Aufl. 1971; vgl. Der gekreuzigte Gott, S. 267: Der gekreuzigte Gott »ist der Grund dafür, mit den Schrecken der Geschichte und des Endes der Geschichte zu leben und dennoch in der Liebe zu bleiben und dem Kommenden offen für die Zukunft Gottes entgegenzusehen. Er ist der Grund dafür, mitschuldig und mitleidend für die Zukunft des Menschen in Gott zu leben.«
[97] AaO S. 265 f.

mit dieser oder jener Auskunft über die mutmaßliche oder erhoffte Weltzukunft irgendetwas für die theologische Erfassung des Heils über das hinaus, was an Zukunftsmöglichkeiten im Jetzt des Glaubens und Handelns geschenkt wird, gewonnen werden könnte. Es geht nur heute nicht mehr an, immer wieder auf falsche Fährten zu locken, etwa indem man sich ausweichend und widersprüchlich ausdrückt. Selbst Moltmann noch, dem die neue Problematik bewußter ist als manchem anderen, zieht sich nicht nur auf die kreuzestheologische Dialektik des Glaubens und Agierens und in die trinitarische Theorie zurück – in übrigens großartigen Passagen mit weiterführenden Anstößen –, er beläßt vor allem im Unklaren, unter welcher Perspektive der Welt das befreiende Handeln ansetzt. Entweder befreit die Praxis des »aufstehenden« Glaubens *aus* den Teufelskreisen des Todes[98], in deren vorher ja festgestellter Ausweglosigkeit dann diese Welt vergeht, während die Befreiten aus ihr entrinnen. Oder aber die Teufelskreise dieser Welt werden *selbst* aus ihrer vorfindlichen Todesorientiertheit befreit und als solche – wie Moltmann im selben Atemzuge sagt – »auf das Leben orientiert«, nämlich als Systeme umgepolt oder zu Wegen der Befreiung geöffnet (wobei freilich unklar bleibt, wie sie auf einmal nicht mehr ausweglos sein sollen). Es sind dies also zwei ganz verschiedene Auskünfte, die die revidierte Hoffnungstheologie überall prägen, die sich aber nur dann nicht strikt widersprechen, wenn sie, was Moltmann doch vermeiden will, wiederum nur als übergeschichtliche Metaphern, als bloßer Ausdruck subjektiver Haltungen, etwa als reine Tröstungen oder vorläufige Handlungsmotivationen zu verstehen wären. Ohne die Annahme

---

[98] »Der Glaube an Auferstehung wird zum aufstehenden Glauben, wo immer er todesorientierte Systeme in Psyche und Gesellschaft auf das Leben orientiert. Seine Bitte ›... und erlöse uns von dem Bösen‹ wird erfahren und getan, wo Befreiung aus solchen Teufelskreisen geschieht, wo der Lebenswille wiederhergestellt wird und der Mensch seine Lebendigkeit gegen die Todesstarre der Apathie entfaltet.« AaO S. 271.

einer künftigen totalen Änderung aller Weltbedingungen ist aber keine von beiden Möglichkeiten denkbar, weder eine Befreiung aus den tödlichen Regelkreisen dieser Welt noch eine globale – weniger reicht nicht zu – Umorientierung aller Systeme ohne Ausnahme auf das Leben hin. Im ersten Fall würden Menschen befreit aus der vergehenden Welt und mit ihnen eine neue geschaffen. Im zweiten Fall würde diese Welt als ganze, durch eine neuartige Praxis von der Todesbedrohung befreit, weiterbestehen und die Menschen, zu anderen geworden, mit ihr. Beides zugleich aber oder ein Zwischending kann christliche Eschatologie nicht in Aussicht stellen, will sie sich vor den Ökologen nicht unglaubwürdig machen. Es ist ein Zeichen von theologischer Besonnenheit, daß Moltmann sich nicht eindeutig auf die zweite Möglichkeit festgelegt hat. Die erste ist also noch nicht erledigt und der Theologie erneut mit zu bedenken aufgegeben.

So hat es den Anschein, als mache die tödliche Bedrohung des Menschen in und mit seiner Welt eine neue Beschäftigung mit dem traditionellen Lehrstück von der consummatio mundi unausweichlich. Dies freilich ist eine umfassende, nicht in einem Atemzuge und auch nicht von der systematischen Theologie allein zu bewältigende Aufgabe, die nur im Bewußtsein der bisher an diesem Punkte aufgetretenen weltbildlichen und anderen Schwierigkeiten und unter Vermeidung der klar erkannten früheren Abwege angefaßt werden kann. Doch um sich von der Fragesituation des heutigen Weltgesprächs nicht von vornherein abzuschneiden, muß die christliche Eschatologie die Herausforderung durch den befürchteten Wachstumstod annehmen, und zwar so, daß sie

– erstens wirklich von der bitteren Sache spricht, um die es hier geht, allein schon weil sie selbst aktiv in sie verwickelt war und noch immer ist,

– zweitens so, daß sie dies Problem in Beziehung setzt zu ihren eigenen, durch Verflüchtigung bedrohten Aussagen über das endgültige, das eschatologische Handeln des kommenden Gottes heute und in Zukunft

– und drittens – damit die eigentliche Spitze der Herausforderung nicht schon vorher abgebogen wird –, daß sie sich dabei der aus der Geschichte eschatologischen Denkens, auch des jüngsten, erkennbaren Ausflüchte entschlägt. Gemeint sind hiermit sowohl die rechthaberische Einvernahme von Resultaten der modernen Prognostik in ältere Schemata eines berechenbaren apokalyptischen Automatismus, aber auch der aus Scheu vor den Implikationen einer Naherwartung entstandene Rückzug in eine rein überzeitliche Eschatologie des Individuums oder einer nur übergeschichtlichen Kirche und schließlich auch die Flucht in ein zwar theoretisch der Zukunft Gottes verdanktes oder dem Gedanken an Jesus verpflichtetes Engagement, das dann aber in Unchristlichkeit absinkt, wenn es mit einer für aufweisbar gehaltenen Einsicht in eine Teleologie der Geschichte sich selbst genug ist. Hier wird dann zusätzlich wohl noch nach den effektivsten Methoden Ausschau gehalten, sonst aber in Kauf genommen, daß die eschatologische Ethik die unvermeidlich auch negativen Folgen ihrer eigenen Praxis im Zusammenhang mit dem allgemeinen Abbruch der natürlichen Lebensbasis verschweigt oder nicht erkennt, jedenfalls aber nicht theologisch verantwortet.

III. BEMERKUNGEN ZUR MÖGLICHEN NEUFASSUNG EINER THEOLOGISCHEN LEHRE VOM WELTENDE

Das begrenzte Vorhaben des Themas wäre mit dem bisher Gesagten eigentlich erfüllt: es wurde aufgezeigt, daß das umfassende Problem des »Wachstumstodes« nicht als nebensächlich den liebenswerten Bemühungen der Naturfreunde unter den Christen überlassen werden kann, vielmehr eine ernste Herausforderung auch der Theologie ist. Ebenso mag deutlich geworden sein, an welchen Stellen diese Herausforderung auftrifft, nämlich nicht allein im Bereich der Ethik, vielmehr unausweichlich auch in dem des eschatologischen Denkens der Dogmatik und hier besonders bei dem letztens meist ausgeklammerten, aber mit dem Brüchigwerden des Bündnisses mit teleologischer Geschichtsphilosophie erneut zur Debatte stehenden Lehrstück »De consummatione mundi«. Mit einigen Bemerkungen soll aber doch noch angedeutet werden, in welcher Richtung über das aus dem bisherigen Erkennbare hinaus man hier noch weiterdenken und die der Sache angemessenen theologischen Antworten erwarten sollte.

1. Gottes eschatologischer Vorbehalt als uneingeschränkter

Der eschatologische Vorbehalt Gottes, von dem die Rede war, verträgt, wenn man nicht ganz von ihm absehen will, keinerlei Einschränkung. Der christliche Glaube rechnet nicht ausschließlich insofern mit ihm, als er von dem gegenwärtig und künftig kommenden Gott Überraschendes im Sinne des Guten, eine ungeahnte Überwindung von Leid und Tod, Elend und Bösem erhofft. Gottes Vorbehalt kann auch darin bestehen, daß das von Menschen für gut und nötig Gehaltene, also auch der

Bestand dieser Welt und das von Menschen, auch von Christen, zu ihrer Bewahrung und Besserung Gewirkte möglicherweise vor Gott nicht besteht, sondern vergeht.[99] Gottes Zukunft und des Menschen als wünschbar vorgestellte Zukunft decken sich nicht notwendig.

2. Die mögliche Reformulierung des Lehrstücks »De consummatione mundi«

Die Lehrgestalt der eschatologischen Aussagen hat diesem Vorbehalt Rechnung zu tragen. Es gibt Modelle dafür, wie dies unter früheren Bedingungen annäherungsweise möglich war. Man kann z. B. verweisen auf die Lehre der lutherischen Hochorthodoxie, die die consummatio mundi als annihilatio mundi dachte, als die eschatologische Rücknahme des Seienden ins Nichtsein, als Umkehrung der creatio ex nihilo – man erinnere sich an Paul Gerhardts Morgenlied: ». . . Himmel und Erden die müssen das werden, was sie vor ihrer Erschaffung gewest. Alles vergehet, Gott aber stehet . . .«.[100] Diese Lehre ist nicht aus einer Begeisterung für apokalyptische Schreckensgemälde heraus konzipiert, vielmehr ausschließlich aus dem Interesse an der Bewahrung der »Freiheit Gottes gegenüber seiner Einordnung in ein System des Seienden«. Dies hat jetzt der Moltmannschüler Konrad Stock gezeigt, nämlich an Johann Gerhards Eschatologie der Welt[101], mit der dieser sich zum

---

[99] *C. Amery* (Das Ende, s. Anm. 7, S. 204) meint, »Hiobs Enkel« erlebten nun, »daß der Gott, gegen den sie sich prometheisch erheben, in seiner Abwesenheit am mächtigsten ist.« Mit der »Entäußerung von der garantierten Zukunft« durch die ökologische Bedrohung sind wir »in eine neue dialektische Phase der Unberechenbarkeit Gottes eingetreten« (aaO S. 205). Abweichend von *H. Gollwitzer* (s. Anm. 23) können wir den »eschatologischen Vorbehalt« nicht mit »absoluter Utopie« im Sinne eines ausschließlich positiven »Zielbegriffs« gleichsetzen.
[100] Evangelisches Kirchengesangbuch Nr. 346, 7–8.
[101] *K. Stock*: annihilatio mundi. Johann Gerhards Eschatologie der Welt. München 1971 = FGLP 10/XLII, das Zitat S. 185.

Teil gegen seine eigenen philosophischen Voraussetzungen richtete.[102] Selbstverständlich ist diese Lehre heute so nicht nachzuvollziehen, allein schon wegen ihrer Verknüpfung mit der seit urchristlichen Zeiten fast überall in der vorneuzeitlichen Theologie noch vorausgesetzten antiken Weltbrandlehre[103], wie sie auch im 2. Petrusbrief durchscheint. Aber auch deswegen nicht, weil hier das schließlich negative »Urteil Gottes über das Sein der Welt«, nämlich ihre künftige Vernichtung zu einseitig »als Kehrseite seiner Entscheidung für den Menschen«[104] erscheint. Dies konnte zu einer die christliche Existenz isolierenden Weltverachtung führen, gegen welche die daneben geübte Betrachtung auch des Guten der Schöpfung als Vorschein des ewigen Lebens nicht mehr ankam.[105] Weiterhelfen dürfte hier aber weniger eine Rückkehr zur scholastischen und dann auch orthodox-reformierten Auffassung von der auch im Feuer des Weltbrandes unzerstörbaren Grundstruktur der Welt, die in einer »grundsätzlichen Seinsgemeinschaft« mit Gott steht[106], wogegen Gerhard sich ja strikt wandte, als vielmehr ein neues Bedenken etwa des ebenso unverkrampften wie kritischen, dabei von Auferstehungshoffnung geprägten Schöpfungsglaubens Luthers.[107] Dieser kann zwar das Ende der Welt ebenso radikal denken wie die Hochorthodoxie[108], schreitet aber dabei immer, das hat Paul Althaus

---

[102] Nach *Stock* ist »Gerhards Begriff der annihilatio mundi ein vorkritisches Beispiel kritischen Gesprächs mit dem Denken der Zeit, sofern dieses eben der Erkenntnis des Immerseienden verpflichtet ist« (aaO S. 174, vgl. 25–34. 77 ff.).
[103] AaO S. 26 Anm. 10 u. S. 82, vgl. *R. Bultmann*: Geschichte und Eschatologie. 2. Aufl. Tübingen 1964, S. 25.
[104] *K. Stock* (s. Anm. 101), S. 124.
[105] AaO S. 92.
[106] AaO S. 15.
[107] Dazu s. etwa *D. Löfgren*: Die Theologie der Schöpfung bei Luther. Göttingen 1960, S. 58 ff. 299 ff.
[108] Die Behauptung *Stock*s, Luther kenne »keine eschatologische Vernichtung der Welt« (S. 20), trifft so nicht zu, vgl. z. B. *W. von Loewenich*: Luther als Ausleger der Synoptiker. München 1954, S. 207.

gezeigt, entsprechend seiner Vorstellung vom Schicksal des Leibes »von dem Gedanken völliger Verwesung zu dem der Auferstehung« auch des Kosmos fort.[109] Der Kerngedanke seiner Kreuzestheologie nämlich, daß Gott sub contraria specie sein Heil schafft, daß er immer beides tut, erniedrigt und erhöht, tötet und lebendig macht, gilt strukturell auch für das Geschick der dem Menschen verbundenen Naturwelt. Die Erlösung der Natur nach Röm 8 besteht nicht schon in ihrer Vernichtung als Befreiung vom Menschen, der sie nicht mehr braucht und nicht mehr mißbraucht – wobei Johann Gerhard stehenblieb, sondern endgültig erst in ihrer Neuschöpfung.[110] So hinge die Erwartung des Weltendes hinsichtlich ihrer Interpretierbarkeit durch Aussagen evangelischer Eschatologie in der Luft, wenn nicht zugleich der Gedanke einer radikal neuen Welt gefaßt wird, deren Kontinuität mit der alten nicht teleologisch garantiert ist, sondern allein bei Gott liegt, die aber auch nicht heraufkommt, ehe die alte Welt ganz am Ende ist, und zwar einschließlich aller guten und bösen welthaften Folgen auch der christlichen Existenz in ihr. Gott ist es dann allein, der – auch im Sinne des neutestamentlichen Lohngedankens – eine verwandelnde Wiederaufnahme des Guten dieser Welt bewirkt.

3. Die Nichtverrechenbarkeit aller Aussagen »natürlicher Eschatologie« mit der christlichen Zukunftserwartung

Wie Sterben und Leben, Tod und Auferstehung, so sind auch Weltende und Neue Schöpfung nicht auseinander herzuleiten, als ob eine Fixierung auf das Phänomen des Untergangs schon den Zugang zu irgendeinem darin verborgenen heilhaften

---

[109] *P. Althaus*: Die letzten Dinge. 10.Aufl. 1970, S. 353.
[110] Vgl. *C. H. Ratschow*: Erwarten wir noch etwas jenseits des Todes? NZSThR 14, 1972, S. 128 f. (112–129); zu J. Gerhard s. *K. Stock* (s. Anm. 101), S. 87–89.

Sinn eröffne und nicht das Gegenteil davon. Vielmehr tragen alle prognostischen Extrapolationen als Versuche »natürlicher Eschatologie«, wie Gerhard Ebeling sie genannt hat[111], nur vorläufigen und höchstens Hinweis- und Warnungscharakter, sie sind Gestalten der cognitio Dei legalis. Dies gilt für die positiven Voraussagen wie auch für die heute wohl glaubhafteren negativen Extrapolationen. Bei den letzteren gilt dies in gleicher Weise sowohl für kosmologische Mythen wie die Weltbrandlehre als auch für naturwissenschaftliche Theorien wie die von einer Teilkatastrophe nur in unserem Sonnensystem in der frühen Aufklärungstheologie[112] oder die bei Karl Heim und Carl Friedrich von Weizsäcker herausgestellte Entropiehypothese im Zusammenhang der Auffassung von der Unumkehrbarkeit der Geschehensfolge.[113] Es gilt diese in gleicher Weise für die heute näherliegenden Selbstvernichtungstheorien wie die häufig herangezogene Annahme einer möglicherweise nicht mehr in Freiheit[114] abzuwendenden Selbstvernichtung des Menschen durch seine großen Waffen und nun eben auch für die Erwartung des selbstzugefügten »Wachstumstodes«, dessen Logik allerdings in vieler Hinsicht zwin-

---

[111] *G. Ebeling*: Zeit und Wort. In: Wort und Glaube II. Tübingen 1969, S. 130 (121–137).

[112] Z. B. Bei *S. J. Baumgarten*: Evangelische Glaubenslehre. III. Bd. Halle 1760, S. 724 f.

[113] *K. Heim*: Weltschöpfung und Weltende. Hamburg 1952, S. 101 ff. u. ö.; vgl. *W. Pannenberg*: Kontingenz und Naturgesetz. In: *A. M. K. Müller* und *W. Pannenberg*: Erwägungen zu einer Theologie der Natur. Gütersloh 1970, S. 64 f. S. auch *A. M. K. Müller*: Die präparierte Zeit (s. Anm. 26), S. 284 ff.

[114] Daß allein der Mensch unter allen Lebewesen bewußt Selbstmord begehen kann, ist oft bemerkt worden. Der Gedanke – auf Weltebene projiziert – hat aber heute seinen heroischen Zug verloren: »Der mögliche Freitod oder Selbstmord gilt in der Stoa zwar als höchster Ausdruck menschlicher Freiheit – indessen hat die technische Möglichkeit der Selbstvernichtung der Menschheit gerade nicht diesen Charakter: sie ist das furchterregende Symbol ihrer Unfreiheit und insofern eine Demonstration gegen die scientistische Wissenschaftsgläubigkeit« (*H. E. Tödt*: Ethik. In: Theologie VI x 12 Hauptbegriffe. Hg. v. C. Westermann. Stuttgart/Berlin 1967, S. 288).

gender und drängender erscheint als die mancher bisheriger Voraussagen. Doch auch hier ist es ähnlich wie bei anderen Inhalten der sogenannten natürlichen Theologie: mit dem, was man erkennen, also hier als Ende des Menschen und seiner Welt prognostizieren kann und was der Glaube dann wohl als Hinweis, speziell auf das Gericht Gottes sich gesagt sein lassen wird, ist nicht zwingend auch schon eine klare Einsicht in das Ende des Handelns Gottes oder gar in sein letztes Ziel gegeben. Was der Glaube auch hierzu bekennen mag, der Theologie fehlen alle Maßstäbe, Tod und Leben auch in kosmischer Dimension abschließend miteinander zu verrechnen. Sie kann nur die beiden gegenläufigen Bewegungen – des Menschen und seiner Welt auf das Ende hin, soweit erkennbar, und Gottes neuschöpferisches Kommen aus der Zukunft heraus, als Gewißheit des Glaubens – umschreiben und ihrer in der Angefochtenheit des Christen schon jetzt akut werdenden Konfrontation denkend nachgehen. Dabei wird sie sich der Unvermeidbarkeit, aber auch der Vorläufigkeit[115] aller ihrer mit Hilfe der Natur-, Geschichts- und Sozialwissenschaften zu gewinnenden Sätze vielleicht wieder stärker bewußt werden. Zugleich wird sie der wagenden Bemühung um eine eigene kritische Deutung[116] der Wirklichkeit neue Aufmerksamkeit schenken. Nur so wird sie erkennen, worin heute der aufgrund

---

[115] Vgl. hierzu die wichtigen Ausführungen über vorläufiges und endgültiges Todesverständnis bei *E. Schmalenberg*: Der Sinn des Todes (s. Anm. 69), S. 242 ff. Auch menschlich-theologische Gedanken über Endgültiges und Vorläufiges vergehen schon im Horizont natürlicher Sterblichkeit.

[116] Vgl. hierzu eine der letzten Äußerungen *G. von Rad*s: »Von den heutigen Humanwissenschaften können wir eine Menge lernen; der Nachholbedarf ist tatsächlich sehr groß. Aber die christliche Interpretation der Wirklichkeit können sie uns nicht abnehmen. Wir werden das heutige Wissen von der Welt und vom Menschen auf seinem eigensten Gebiet provozieren müssen. Vielleicht könnte eine neue Bemühung um die Wirklichkeit unsere entsetzliche Stummheit (oder unsere ebenso entsetzliche theoretische Gesprächigkeit) lösen und uns zu einem helfenden Gespräch mit den andern ermächtigen.« Christliche Weisheit? EvTh 31, 1971, S. 154 (150–155).

von Vergebung bekennende und ohne Eigengerechtigkeit handelnde Widerspruch des Evangeliums gegen den noch so naheliegenden Fatalismus[117] bestehen könnte.

4. Freiraum und Grenze einer eschatologischen Ethik planetarischer Verantwortung

Die Theologie wird, was die Ethik betrifft, deren eschatologischen Bezug insofern überprüfen müssen, als nun wieder ins Bewußtsein rückt, daß es für den christlichen Glauben – gerade auch im Blick auf sein eigenes veränderndes Zutun – keinerlei Garantie oder Verheißung für den irdischen Fortbestand dieses Menschen in seiner Welt gibt. Aus der Freiheit vom Zwang teleologischen Denkens, die hieraus erwächst, und aus mancherlei praktischen Erwägungen, die hier nicht ausgebreitet werden können – sie stützen sich unter anderem auf einige Einsichten von Erich Fromm, Ossip K. Flechtheim und Carl Amery –, erscheint es uns sinnvoll, als vielleicht noch mögliche Alternative zum Untergang eher die Schaffung einer humanen Weltgesellschaft anzustreben als den heraufziehenden technokratischen Neo-Cäsarismus hinzunehmen.[118] Wir werden aber die dazu unentbehrlichen Utopien und Strategien viel kritischer als bisher kontrollieren müssen. Muß man doch nun fest damit rechnen, daß sich auf Weltebene der Kampf ums pure Überleben verschärft und sich damit schon heute die Fülle ethischer Wertsetzungen immer stärker auf die eine Forderung des gemeinsamen Überlebens reduziert.[119] »Liebe üben« im

---

[117] Über die Überwindung des Fatalismus z. B. bei Luther s. *W. Elert*: Morphologie des Luthertums. 3. Aufl. München 1965, Bd. I, S. 407 ff.

[118] *O. K. Flechtheim*: Futurologie (s. Anm. 9), S. 34. 197 ff. 271 ff. (dort auch Bezugnahme auf E. Fromm); *C. Amery*: Das Ende (s. Anm. 7), S. 244 ff.).

[119] Vgl. *C. Amery* aaO S. 233 u. *A. M. K. Müller*: Die präparierte Zeit (s. Anm. 26), S. 124 ff. 178.

strengen Sinne würde unter diesen Bedingungen bedeuten, alles nicht für das eigene, sondern für das Überleben der anderen zu tun. Das unerbittliche »ökologische Gesetz« – so formuliert von Philip Whylie[120] –: »Niemand besitzt irgendetwas. Alles, was wir haben, ist der Gebrauch« erweist sich dabei als die aktuelle Dimension des Liebesgebotes, welches damit überraschenderweise zu seiner Verankerung im Schöpfungsgedanken zurückfindet, für die ja das Kriterium usus oder abusus creaturae kennzeichnend war.[121]

Zugleich aber wird eine solche »planetarische Ethik« (Amery) nüchtern auch mit ihrem eigenen Scheitern rechnen müssen. Denn das so gefaßte Liebesgebot erscheint ja schon außertheologischer Überlegung unter dem Aspekt der begrenzten Möglichkeiten des notwendigen radikalen Bewußtseinswandels aller Menschen in allen Zonen und dem Aspekt des bitteren Zeitfaktors als nahezu unerfüllbar. Schon das erste Etappenziel einiger weitsichtiger Politiker, den Unterschied zwischen schädlichem, quantitativem Wachstum und nützlichem, qualitativem Wachstum einigermaßen überzeugend, das heißt konkret und weltweit praktikabel zu bestimmen, scheint sich immer weiter nach vorn zu verschieben. Der humanistische Moralist[122], der – wie Amery – hier trotzdem alles versucht, was vernünftigerweise und mit kleinen Schritten vielleicht doch noch zu erreichen ist, wird darum der christlichen Ethik planetarischer Verantwortung der liebste Bundesgenosse sein. An seiner Seite gibt es nicht die von Moltmann erschütternd beschriebene »Relevanzkrise des christlichen Lebens« heute, die ja größtenteils nur eine Krise vieler zweifelhafter, gegenwärtig aber noch für christlich gehaltener Zielvorstellungen ist.

---

[120] Zit. nach *C. Amery* aaO S. 232.
[121] Zur Beurteilung des Mißbrauchs des Geschaffenen als Ausdruck der Ursünde und des Abfalls vom Schöpfer bei Luther s. *D. Löfgren*: Die Theologie (s. Anm. 107), S. 105 ff.
[122] S. *C. Amery* aaO S. 233, er geht von einer Chance von nur 1 zu 10 aus (S. 240).

SCHLUSS: DIE ÖKOLOGISCHE UMBESINNUNG UND DIE CHRISTLICHE METANOIA

Dem in dieser Lage aus verschiedenen Richtungen ergehenden Ruf zu einem neuartigen Naturgefühl, zum bedingungslosen »Frieden mit der Natur« wird man weithin folgen können, freilich nur sofern dies nicht als »Naturalisierung des Menschen«[123] zu einer Absage an das unablegbar zu seiner Würde – und Bürde – gehörende dominium terrae führt, zugunsten des diffusen Bewußtseins eines mystischen Aufgehens im Kosmos oder in den Zwängen neuer gesellschaftlicher Unfreiheit. Endet doch jede solche »affirmative Theorie der Versöhnung von Mensch und Natur«[124] schließlich nur bei dem Memento: »Mensch, bedenke, daß du Staub bist«[125], ein mögliches und nötiges moralisches Incitament, aber zugleich doch auch das Siegel auf die Todesverfallenheit, auch der Natur, in die der Mensch zurücksinkt, ohne dann neuer Schöpfung teilhaftig zu werden.[126] Johann B. Metz sagt dazu: »Jeder derartige Versuch entartet am Ende in eine schlechte Ontologisierung der Gequältheit des Menschen«[127], oder – um es evangelisch auszu-

---

[123] Z. B. stehen bei *Moltmann* (Der gekreuzigte Gott, S. 310 f.) der sachgemäße Hinweis auf ein hochnötiges sympathetisches und partnerschaftliches Verhältnis des Menschen zur natürlichen Umwelt unausgeglichen neben dem neomarxistischen (nicht Marxschen, s. *C. H. Ratschow*: Atheismus im Christentum? (s. Anm. 4), S. 42 ff.) Gedanken der Naturalisierung des Menschen. Eine Abgrenzung ist zumal da erforderlich, wo das naturalistische Denken durch eine Geist-Mystik modifiziert wird wie bei *J. B. Cobb*: Der Preis (s. Anm. 26), S. 162 f., s. dazu die kritischen Einwendungen *K. Scholders* in seinem Geleitwort.
[124] *J. B. Metz*: Erinnerung (s. Anm. 63), S. 345.
[125] *C. Amery*: Das Ende (s. Anm. 7), S. 198 ff.
[126] S. o. bei Anm. 110.
[127] *J. B. Metz* aaO (s. Anm. 124).

drücken – in der tödlichen desperatio legis. Ob also nun ohne Wahrnehmung des schöpfungsmäßigen Herrschaftsauftrages oder in seinem, wie uns nötig scheint, noch viel bewußteren, vernünftigeren und liebevolleren Vollzug[128] – jede bloß ethische Besinnung auf eine nun ganz umfassende Forderung im Sinne planetarischer und biosphärischer Solidarität verfängt sich schließlich doch auch unweigerlich im »Gesetz der Sünde und des Todes«, welches jede menschliche Praxis an ihre Grenze führt, spätestens an die Grenzen des Wachstums.

Das Logion »Wer sein Leben gewinnen will, der wird es verlieren, und wer sein Leben verlieren will, der wird es gewinnen«[129] zeigt vielmehr an, daß es bei der christlichen Metanoia doch noch um etwas völlig anderes geht als um die weltweite Umbesinnung zur Selbsterhaltung, die die Futurologie heute mit Recht fordert. Auch wenn um die Zukunft besorgte Wissenschaftler heute ihre Mahnungen als »Bußpredigt« verstehen[130], bewegen sie sich noch allein in der fordernden, gesetzlichen Dimension dessen, was evangelische Theologie unter Buße versteht. Zu einer Buße im evangelischen Sinne, die nicht in neue Werkgerechtigkeit und Verzweiflung einmündet, gehörte aber als Hauptsache die befreiende Lossprechung. Nicht von ungefähr ist sie dabei[131] auf den eschatologischen Bußruf Jesu bezogen, der ja mit der Freudenbotschaft verbunden ist: »Tut Buße und glaubt an das Evangelium« (Mark 1, 15). Mit Jesu Wort werden nicht nur die Jünger aus früheren Bindungen losgemacht (V 16 ff), es relativiert zugleich alle Bemühungen um menschliche Selbsterhaltung: »Sorget nicht um euer Leben«

---

[128] Dazu vgl. K. *Scholder* in seinem Geleitwort zu *Cobb* (s. Anm. 26), S. 13 f.
[129] Lk 17,33 (nach R. *Bultmann*: Theologie des Neuen Testaments. Tübingen 1953, S. 14).
[130] So ausdrücklich K. *Lorenz*: Die acht Todsünden der zivilisierten Menschheit. München 1973, S. 7.
[131] M. *Luther*: Schmalkaldische Artikel C III. In: Die Bekenntnisschriften der evangelisch-lutherischen Kirche (1930). 6. Aufl. Göttingen 1967, S. 436 ff.

(Matth 6,25). So ist nicht das Fortleben dieses Menschen in dieser Welt um jeden Preis oberster Maßstab und Antrieb christlicher Existenz, sondern allein die in Christus gestiftete Gemeinschaft mit Gott. Die verheißene Kontinuität des Heils liegt nicht beim Menschen selbst, auch nicht bei seiner vorhandenen oder noch zu gestaltenden Welt, sondern allein bei dem, der sich dem Sünder zuwendet. Ihm entgegenzusehen, ermöglicht die Haltung und den verantwortlichen und aktiven Vollzug des »Haben, als hätten wir nicht« (1. Kor 7,29–32).

MARTIN HENGEL

Eigentum und Reichtum in der frühen Kirche

1973, ca. 100 Seiten, ca. DM 9,80

Die Frage nach dem Recht und den Grenzen, nach der Notwendigkeit und dem Unrecht des privaten Eigentums wird heute im politischen Bereich, aber auch in Theologie und Kirche leidenschaftlich diskutiert. Es ist ein bedenkliches Zeichen für den Geschichtsverlust, unter dem die theologisch-sozialethische Diskussion leidet, daß dabei viel zu wenig die Antworten mitbedacht werden, die schon im Urchristentum und in der frühen Kirche auf jene auch damals brennende Frage gegeben wurden.

Diese allgemeinverständliche Studie gibt in lebendiger Form eine Übersicht. Auf gelehrtes Beiwerk wurde bewußt verzichtet, weiterführende Literaturangaben und Quellenbelege geben dem Interessierten die Möglichkeit zur eigenen Arbeit am Problem.

Die Studie fragt nach der Verkündigung Jesu, nach dem Urchristentum, den paulinischen Gemeinden und der Entwicklung in der »nachapostolischen« Zeit. Besonderes Augenmerk richtet sie auf die radikale Kritik am Reichtum im apokalyptischen Judenchristentum. Zehn abschließende Thesen versuchen eine Brücke zur Gegenwart zu schlagen.

Die flüssig geschriebene Untersuchung eignet sich nicht nur für Fachtheologen, sondern für alle an sozialethischen Problemen und der christlichen Frühgeschichte interessierten Leser. Sie kann ebenso im Religionsunterricht wie in Gemeindeseminaren und Freizeiten verwendet werden.

Professor Dr. Martin Hengel ist Ordinarius für Neues Testament in Tübingen.

CALWER PAPERBACK